WITTGENSTEIN

COLEÇÃO
FIGURAS DO SABER

dirigida por
Richard Zrehen

Títulos publicados
1. *Kierkegaard*, de Charles Le Blanc
2. *Nietzsche*, de Richard Beardsworth
3. *Deleuze*, de Alberto Gualandi
4. *Maimônides*, de Gérard Haddad
5. *Espinosa*, de André Scala
6. *Foucault*, de Pierre Billouet
7. *Darwin*, de Charles Lenay
8. *Kant*, de Denis Thouard
9. *Wittgenstein*, de François Schmitz

WITTGENSTEIN
FRANÇOIS SCHMITZ

Tradução
José Oscar de Almeida Marques
Universidade Estadual de Campinas

Título original francês: *Wittgenstein*
© Société d'Édition Les Belles Lettres, 1999
© Editora Estação Liberdade, 2004, para esta tradução

Preparação de originais e revisões Tulio Kawata
Projeto gráfico Edilberto Fernando Verza
Composição Nobuca Rachi
Capa Natanael Longo de Oliveira
Assistência editorial Flávia Moino
Editor responsável Angel Bojadsen

CIP-BRASIL – CATALOGAÇÃO NA FONTE
Sindicato Nacional dos Editores de Livros, RJ

5381w

    Schmitz, François, 1949-
       Wittgenstein / François Schmitz ; tradução de José Oscar de Almeida Marques. – São Paulo : Estação Liberdade, 2004. –
    (Figuras do saber ; 9)

       Tradução de: Wittgenstein
       Inclui bibliografia
       ISBN 85-7448-088-6

       1. Wittgenstein, Ludwig, 1889-1951. 2. Lógica simbólica e matemática. 3. Linguagem e línguas – Filosofia. 4. Filosofia austríaca.
I. Título. II. Série.

04-0712.   CDD 193
                                                CDU 1(436)

Todos os direitos reservados à
Editora Estação Liberdade Ltda.
Rua Dona Elisa, 116   01155-030   São Paulo-SP
Tel.: (11) 3661-2881   Fax: (11) 3825-4239
editora@estacaoliberdade.com.br
http://www.estacaoliberdade.com.br

Sumário

Quadro cronológico   9

Introdução   15

1. "Diga-lhes que tive uma vida maravilhosa"   21

2. O *Tractatus*: preliminares   43
   1. *O objetivo do* Tractatus   46
   2. *Que é a lógica?*   54
   3. *A análise lógica de Aristóteles*   58
   4. *Conseqüências metafísicas*   61
   5. *"Nova" lógica e "crítica da linguagem"*   68
   6. *Lógica e gramática*   70
   7. *Um novo ponto de partida: a proposição*   76

3. O *Tractatus*: a teoria pictórica da proposição   83
   1. *O que é uma figura?*   83
   2. *Uma proposição é uma figura lógica*   98
   3. *Um simbolismo logicamente em ordem*   105
   4. *Não há constantes lógicas*   116
   5. *A "forma geral da proposição"*   117
   6. *Que é uma "lei lógica"?*   120
   7. *O* Tractatus *em grandes linhas*   127

4. "Retorno ao solo rugoso!" 137
   1. Os erros do Tractatus 137
   2. A "gramática" 149
   3. O arbitrário da gramática 154
   4. Regras e linguagem 163

5. "É a vida que é preciso mudar" 169

Indicações bibliográficas 181

Quadro cronológico

1889   Nascimento em Viena, em 26 de abril, de Ludwig Wittgenstein, oitavo e último filho de Karl Wittgenstein e de Leopoldine Kalmus. No mesmo ano nascem, o filósofo Martin Heidegger e o ditador Adolf Hitler.

1889-1903   Luxo, calma, voluptuosidade (e música) no "Palácio Wittgenstein".

1897   Fundação, por Gustav Klimt, do movimento *Secessão*; Karl Wittgenstein financia o "Edifício da Secessão", em Viena.

1899   Primeiros números de *Die Fackel* (*A Chama*), publicação em que Karl Kraus escreverá até 1936. A família Wittgenstein possuía a coleção completa desse folhetim satírico.

1903   Otto Weininger, judeu anti-semita, autor de *Sexo e caráter*, suicida-se; Bertrand Russell publica os *Princípios da matemática*.

1903-6   O jovem Ludwig faz seus estudos na Escola Real de Linz.

1906-8   Estudos de engenharia mecânica na Escola Técnica Superior de Berlim. Interesse nascente pela filosofia.

1908-11	Estudante-pesquisador na Universidade de Manchester, na Inglaterra. Ludwig se ocupa com a aeronáutica e se interessa pela questão dos fundamentos da matemática. Lê os *Princípios da matemática*, de Russell, assim como as *Leis fundamentais da aritmética*, de Gottlob Frege.
1911	Faz uma visita (durante o verão) a Frege, que o aconselha a procurar Russell.
1911-13	Estuda com Russell em Cambridge; primeiros trabalhos em lógica ("Notas sobre lógica").
1913	Morte, em janeiro, de Karl Wittgenstein, pai de Ludwig.
1913-14	Estadia na Noruega ("Notas ditadas a Moore", abril de 1914).
1914	Em julho, Wittgenstein confia uma grande quantia ao editor Ludwig von Ficker em prol de artistas necessitados (Rilke, Trakl, etc.); no final de julho e início de agosto, declarações de guerra (Sérvia, Rússia); em 7 de agosto, Ludwig se alista voluntariamente no exército austríaco; de agosto a novembro, navega no rio Vístula a bordo do *Goplana*.
1914-16	Wittgenstein trabalha em uma oficina de reparos da artilharia.
1916	Da primavera ao verão na frente russa; ofensiva Brusilov.
1917-18	Na frente russa, ofensiva Kerensky.
1918	Na primavera, Wittgenstein está na frente italiana; em licença durante o verão, conclui o *Tractatus*.
1918-19	Retorna à frente italiana; Ludwig é feito prisioneiro no início do mês de novembro de

	1918. Confinado em Como, depois em Cassino, encontra-se com o pedagogo Ludwig Hänsel e decide tornar-se professor de escola primária.
1919	Wittgenstein retorna a Viena em agosto; "suicídio financeiro" em favor de seus irmãos e irmãs.
1919-20	Ludwig, inscrito em uma escola de formação de professores primários, vive em um alojamento independente; grande abatimento psicológico.
1920	Jardineiro, durante o verão, em um mosteiro próximo a Viena.
1920-26	Professor primário na Baixa Áustria.
1922	Recebe as visitas de Frank Ramsey (primavera) e de Russell (verão); publicação do *Tractatus* na Grã-Bretanha.
1923	Começam as reuniões organizadas por Moritz Schlick, que seriam o embrião do futuro "Círculo de Viena" (1928).
1926	Da primavera ao verão, mais uma vez jardineiro de um mosteiro.
1926-29	Retorno a Viena; construção da casa de sua irmã Margarete.
1927	Primeiro contato com Schlick, início dos encontros com alguns membros do Círculo de Viena.
1928	Conferência de Brouwer em Viena, em março; Wittgenstein retorna à filosofia.
1929-36	Wittgenstein ensina em Cambridge.
1929-30	Redação das *Observações filosóficas*; consegue seu doutorado em junho de 1930 com o

	Tractatus; torna-se professor assistente no final de 1930.
1931-34	Redação do texto que seria publicado parcialmente com o título *Gramática filosófica*.
1933-34	Redige o *Caderno azul*.
1934	Dolfuss chega ao poder na Áustria, perseguição contra a esquerda austríaca; o Círculo de Viena, alguns membros do qual estavam ligados à esquerda, começa a se desagregar por efeito dessas perseguições.
1934-35	*Caderno marrom*; Wittgenstein aprende russo e passa dez dias na Rússia em setembro de 1935, com a esperança de lá encontrar algum trabalho manual.
1936-37	Wittgenstein, na Noruega, redige as primeiras páginas das futuras *Investigações filosóficas*.
1938	Wittgenstein, em Dublin, acompanha com inquietação o processo da anexação da Áustria (fevereiro-março).
1938-41	Wittgenstein retoma suas atividades docentes em Cambridge.
1939	Em fevereiro, Wittgenstein é eleito titular em substituição a Moore; em junho, obtém a nacionalidade inglesa.
1941-44	Porteiro, e depois manipulador na farmácia do Guy's Hospital em Londres, e por fim assistente de um laboratório em Newcastle.
1944	Em Swansea (País de Gales), Wittgenstein tenta terminar "seu" livro.
1944-47	Retoma suas atividades docentes em Cambridge.

1948-49	Wittgenstein passa a maior parte de seu tempo na Irlanda e continua sem conseguir terminar o livro.
1949	Durante o verão, passa um tempo nos Estados Unidos; em novembro, um câncer na próstata é diagnosticado.
1950	Em Viena com sua família; morte de sua irmã mais velha, Hermine, em fevereiro.
1950-51	Wittgenstein, adoentado, mora em casas de seus antigos alunos, faz uma curta viagem à Noruega e termina por instalar-se na casa de seu médico em fevereiro de 1951.
1951	Ludwig Wittgenstein morre em Cambridge, no dia 29 de abril, à idade de 62 anos.
1953	Publicação póstuma das *Investigações filosóficas*.

Introdução

Na França, há não muito tempo, o nome de Wittgenstein não seria familiar a ninguém fora de um círculo muito restrito de filósofos. Hoje já não é assim. São cada vez mais numerosos os filósofos "profissionais" que admitem que o pensamento de Wittgenstein apresenta um certo interesse, e a literatura especializada que lhe é consagrada se enriquece todos os anos com novos títulos. Aquele que mais fez, na França, para tornar conhecido seu pensamento, Jacques Bouveresse, é hoje professor no Collège de France e ocupa um lugar privilegiado no areópago dos "grandes intelectuais" mencionados com respeito. O pensamento de Wittgenstein tomou assim lugar entre aqueles aos quais não é incongruente referir-se em obras de caráter filosófico.

Essa notoriedade acadêmica não é, porém, a única que Wittgenstein conhece atualmente. Alguém que não tenha a menor idéia do que disse Wittgenstein já terá alguma idéia dele: por exemplo, terá sem dúvida lido recentemente em um "grande jornal vespertino", ou em uma revista feminina, que Wittgenstein estaria na origem do ódio patológico de Hitler aos judeus, e que talvez ele tenha sido o "recrutador", a serviço da União Soviética de Stalin, dos espiões de Cambridge (Kim Philby, Anthony Blunt, etc.)

na década de 1930. A mesma pessoa teria podido igualmente ver um filme no qual Wittgenstein aparece como um afetado homossexual, ou, se lê romances em inglês, ler um de Jerome Charyn no qual Wittgenstein é um professor primário na Califórnia. Num viés mais sério, poderia ter lido uma pequena narrativa de Thomas Bernhard, que dá a palavra ao sobrinho de Wittgenstein relembrando o tio filósofo, e assim por diante.

Wittgenstein tornou-se um personagem sobre o qual se contam estranhas histórias e ao qual se atribuem comportamentos ou maneiras singulares. Ele faz às vezes papel de "sábio", no sentido que os antigos davam a essa palavra, mas esse sábio continua tendo uma boa dose de extravagância que o coloca à parte da humanidade ordinária e se torna um objeto de zombaria ou de reverência. Enfim, o indivíduo Wittgenstein suplanta o filósofo.

Sua vida apresenta, é verdade, traços que não podem deixar de excitar a curiosidade.

Wittgenstein foi o último filho de um dos grandes magnatas da siderurgia na Europa no fim do século XIX, cuja fortuna era considerável, sendo sua casa o ponto de encontro de artistas e literatos da época. Herdeiro de uma parte dessa riqueza, Wittgenstein abriu mão completamente dela em favor de seu irmão e de suas irmãs. Dispensado em 1913, apresentou-se voluntariamente ao exército austríaco durante a Primeira Guerra Mundial e experimentou, na frente russa, as grandes provações desse abominável conflito. Brilhante estudante em Cambridge, trabalhando com um dos maiores espíritos de seu tempo, Bertrand Russell, em quem provocou admiração, vamos encontrá-lo ao final dos anos 20 enfurnado no interior da Áustria como professor de escola rural, depois, alguns meses como jardineiro de um mosteiro, e, por fim, ao lado do arquiteto que construía uma casa para uma de suas irmãs. A seguir, professor em Cambridge, mas, sem nenhum gosto pelo ensino tradicional, emprega-se como porteiro de um hospital londrino e depois como auxiliar de laboratório durante a Segunda Guerra Mundial na Grã-Bretanha.

Não é só isso. Entre os papéis que Wittgenstein deixou após sua morte se encontravam cadernos nos quais ele anotava, em código, reflexões de caráter pessoal. Homossexual, pouco à vontade com sua sexualidade e obcecado pela idéia da culpa em geral, ele deixa evidentemente transparecer alguma coisa disso. Para proteger sua reputação, seus executores testamentários julgaram por bem proibir por muito tempo a consulta a essas notas, deixando assim o caminho livre para todos os rumores que regalam certos espíritos.

Nos meios filosóficos, sua postura não foi menos ambígua. Celebrizado por sua primeira obra, de título exótico, o *Tractatus Logico-Philosophicus*, editado em 1921, Wittgenstein não publicou mais nada e foi só por meio de seus cursos – descritos pelos que os assistiram como sessões de meditação em voz alta pontuadas de longos silêncios – e do que deles diziam seus discípulos, que se filtraram os fragmentos das idéias novas e originais que ele desenvolveu nos anos 30 e 40. Disso se seguiu um halo de mistério em torno de sua filosofia, alimentado pela fervorosa devoção de seus discípulos. Que havia, afinal, de tão extraordinário a ser dito?

Daí a fazer de Wittgenstein um espião a soldo dos soviéticos há sem dúvida um passo que, a um espírito razoável, pode parecer difícil de ser dado! Que isto tenha acontecido leva a refletir menos sobre Wittgenstein do que sobre a insensatez de nossos tempos, pelos quais, aliás, nosso autor confessava "não ter simpatia".[1]

---

1. *Observações filosóficas*, Prefácio.

Permanece, contudo, o fato de que o "halo de mistério" de que falávamos há pouco tem sua origem em boa parte na situação histórica paradoxal da obra de Wittgenstein, e é preciso compreender toda sua ambigüidade antes de entrar no âmago da questão.

Wittgenstein era, como se sabe, austríaco, embebido da atmosfera da Viena do início do século XX, a de Schnitzler, Karl Kraus, Musil, que viu erguer-se contra uma certa grandiloqüência burguesa o movimento "Secessão", a música dodecafônica de Schoenberg e, ainda, a psicanálise freudiana. Ele próprio, em sua juventude, havia lido Schopenhauer e Otto Weininger.

Não foi em Viena, contudo, que ele veio a exercer seus talentos de filósofo, mas em Cambridge, na Inglaterra, em um universo intelectual que não tinha muita coisa a ver com o de sua cidade natal. Em Cambridge, Wittgenstein se inseriu na linhagem intelectual dos grandes refundadores da lógica: Russell e seu *alter ego* alemão Frege. Sua filosofia apareceu inicialmente como uma maneira de resolver problemas filosóficos de tipo muito técnico levantados por essa revolução no domínio da lógica, e foi assim que se leu o *Tractatus* durante muito tempo nos países anglo-saxônicos e que se compreendeu o sentido de suas lições posteriores. Filósofo-lógico de difícil acesso para os que não estavam a par da "nova lógica" e de suas conseqüências filosóficas, Wittgenstein parecia a mil léguas de distância das preocupações mais grandiosas que animavam, por exemplo, os filósofos alemães e seus epígonos franceses. Seus escritos foram, portanto, durante os anos 50 e 60, trabalhados e comentados essencialmente nos países anglo-saxônicos e, por essa mesma razão, classificados entre aquilo que por vezes se denomina "filosofia analítica", essencialmente preocupada com a filosofia da linguagem e a filosofia da ciência.

É claro que isso significava esquecer um pouco rapidamente que Wittgenstein chegara a Cambridge trazendo consigo questões e preocupações que agitavam a Áustria decadente e, especialmente, Viena. Tratava-se de questões essencialmente éticas, às quais faziam eco traços de sua personalidade. Essas preocupações afloravam por vezes em seus escritos, sobretudo em seus cadernos pessoais, mas não foram objeto de desenvolvimentos "filosóficos" sistemáticos (por excelentes razões que veremos à frente) e podem, portanto, parecer secundárias em uma primeira leitura. No entanto, à medida que seus manuscritos e cadernos eram tornados públicos, ficou cada vez mais visível que havia como que um avesso de sua obra, um avesso silencioso que parecia remeter a sua personalidade atormentada. Esse "avesso" se acha assinalado pelo próprio Wittgenstein em uma carta a um editor a quem havia enviado o manuscrito do *Tractatus*:

> [No prefácio] eu queria escrever que meu trabalho consiste de duas partes, uma que está aqui apresentada, à qual é preciso acrescentar tudo aquilo que eu *não* escrevi. E é precisamente esta outra parte que é importante. De fato, meu livro traça os limites da ética, por assim dizer, a partir do interior [...] Enfim, penso que sobre tudo isso de que *tantos* falam hoje sem nada dizer, eu o repeti calando-me.

Esta parte silenciosa de seu trabalho encontra-se como que encenada por sua própria vida; uma vida que parece ter sido animada pela vontade constante de escapar aos fingimentos e à impostura, a tudo que se assemelha à desonestidade, tanto intelectual como moral. Wittgenstein parece ter estado sempre em busca de uma espécie de clareza, de transparência moral (mas também conceitual), busca que seu permanente sentimento de não estar à altura do que deveria ter sido tornava desesperada. Como, ao mesmo tempo, ele estava convencido de que não se podia falar de maneira significativa desse gênero de questões, não é de surpreender que tantos biógrafos se tenham debruçado com um deleite às vezes suspeito sobre sua vida, concebida, no melhor dos casos, como uma parte de sua obra.

Compreende-se assim por que a "imagem" de Wittgenstein é tão cindida: de um lado, trata-se de um pensamento austero, imerso em problemas que muitos "filósofos", em particular na França, mal conseguem compreender. De outro lado, trata-se de um *personagem* de vida pouco usual e de personalidade intrigante. As poucas indicações biográficas apresentadas a seguir visam apenas apresentar os dados factuais que permitirão, espera-se, satisfazer a curiosidade, sem dúvida legítima, de um leitor desejoso de saber em que se apoiar diante de certas lendas.

1
"Diga-lhes que tive uma vida maravilhosa"[1]

Ludwig Wittgenstein nasceu em 26 de abril de 1889, em Viena. Seu bisavô paterno, Moses Meier Wittgenstein, administrador a serviço da família principesca dos Sayn-Wittgenstein, adotou o sobrenome "Wittgenstein" (possivelmente) após o decreto de Jerônimo Bonaparte, em 1808, obrigando os judeus a adotarem um nome de família. Não há, assim, nenhum parentesco entre a família principesca e os Wittgensteins de que iremos falar. Esse Moses Meier Wittgenstein havia se instalado no início do século em Korbach (na Alemanha, em Hesse, a uma centena de quilômetros ao norte de Frankfurt), e foi nessa cidade que nasceu em 1802 Hermann Wittgenstein, avô de Ludwig. Hermann converteu-se ao protestantismo, sem dúvida antes de seu casamento em 1839 (com Fanny Fidgor, judia vienense, ela mesma convertida em 1838). Hábil negociante, fez fortuna comprando lã na Europa Central para revendê-la nos Países Baixos e na Grã-Bretanha. Depois de viver dez anos em Leipzig, o casal se instalou em Viena. Tiveram dez filhos, entre os quais Karl (o sexto, nascido em 1847), pai de Ludwig. Todos esses filhos alcançaram elevadas posições na alta sociedade vienense.

---

1. Últimas palavras de Wittgenstein antes de morrer.

O caso de Karl é o mais original. Com 18 anos, sem dúvida insatisfeito com os estudos que seu pai desejava vê-lo seguir, fugiu com seu violino e 200 florins no bolso para os Estados Unidos, onde fez todos os trabalhos que um rapaz dessa idade pode fazer para ganhar a vida. Retornou ao cabo de dois anos, extraindo dessa experiência uma grande admiração pelo espírito empreendedor dos norte-americanos. Depois de estudar engenharia e passar alguns anos exercendo a profissão, lançou-se aos negócios e construiu em alguns anos um imenso império siderúrgico, que fez dele o Krupp do império austríaco. Encerrou sua carreira em 1898-99, após ter acumulado uma fortuna considerável. Morreu de câncer em 1913.

A residência dos Wittgensteins em Viena, chamada o "Palácio Wittgenstein", era o centro da vida artística da cidade, e em particular da vida musical; a esposa de Karl, Leopoldine, era uma excelente pianista, e a música estava por toda parte no "Palácio" e na vida das crianças, particularmente na de Ludwig. Lá se via freqüentemente o velho Brahms ou o jovem Pablo Casals; Karl se fez protetor do movimento "Secessão", financiando seu Edifício em Viena.

Ludwig foi o último dos oito filhos (três moças e cinco rapazes) de Karl e Leopoldine – o "caçulinha", de saúde um tanto frágil. Até a idade de 14 anos quase não saiu da casa da família, pois, como seus irmãos e irmãs, foi educado por preceptores privados. Essa forma de instrução não parece ter conduzido a resultados notáveis e, segundo Paul, os dois últimos filhos, o próprio Paul e Ludwig, não tinham aprendido grande coisa quando se decidiu enviá-los para instituições "normais". Ludwig mostra bem cedo os talentos de mecânico: conta-se que com dez anos de idade ele construiu um modelo reduzido da máquina de costura da família que causou a admiração dos parentes.

A forte personalidade de Karl, que não era contrabalançada pela de Leopoldine, mais apagada, não produziu bons resultados: em 1902, Hans, o filho mais velho, dotado de alma musical, que não desejava mais ouvir falar do futuro de industrial que seu pai pretendia lhe impor, partiu para os Estados Unidos como Karl fizera 37 anos antes, e lá se suicidou. O terceiro filho, Rudolph, partiu para Berlim por razões semelhantes em 1903, e suicidou-se em maio de 1904. Mais tarde, ao fim da Primeira Guerra, no ano de 1918, um terceiro irmão de Ludwig, Kurt, também se suicidaria, aparentemente de vergonha por não ter conseguido fazer que as tropas que comandava se batessem com o exército italiano.

Parece que esses dois primeiros suicídios, assim como o nível escolar medíocre dos dois filhos mais jovens, levaram Karl a modificar sua conduta em relação a eles. Foi assim que, em 1903, Wittgenstein foi enviado para um colégio técnico em Linz, onde permaneceu por três anos, sem ter sido um aluno muito brilhante. Esses anos não foram felizes: transplantado bruscamente para um ambiente que não tinha muito em comum com o do "Palácio Wittgenstein", Ludwig não conseguia suportar a grosseria de seus camaradas. Nove anos mais tarde ele dataria sua entrada nesse colégio como o início de um período de muita infelicidade, durante o qual a idéia de suicídio estava presente quase todo o tempo. Para o anedotário, é interessante registrar que Hitler freqüentou igualmente esse colégio, deixando-o um ano após a entrada de Wittgenstein. Os dois rapazes, que tinham quase a mesma idade, não estavam na mesma classe, Hitler aparentemente estando um ano atrasado e Wittgenstein um ano adiantado (é em torno dessa coincidência que se arquitetou o soporífero romance que evocamos na "Introdução", segundo o qual Wittgenstein desempenha, entre outros papéis inverossímeis, o de "desencadeador" do anti-semitismo doentio de Hitler!).

No outono de 1906, tendo terminado seus estudos secundários em Linz com um resultado bastante medíocre, Wittgenstein partiu para Berlim a fim de estudar engenharia mecânica na Escola Técnica Superior de Charlottenburg, obtendo o diploma de engenheiro em maio de 1908. Não se sabe muita coisa desses dois anos berlinenses. Wittgenstein morava na casa de um certo professor Jolles, que parece ter-lhe dado uma boa acolhida. As observações de caráter filosófico anotadas em seus cadernos dessa época mostram que seu interesse não estava voltado exclusivamente para o aprendizado da engenharia.

Ao final de sua estadia berlinense, na primavera de 1908, Wittgenstein dirigiu-se para Manchester, como estudante-pesquisador no Departamento de Ciências de Engenharia da universidade daquela cidade; seus trabalhos tratavam de questões de aeronáutica. Em contato com professores de matemática interessados na questão dos fundamentos dessa disciplina, Wittgenstein, desde o início de sua estada em Manchester, mergulhou na leitura da primeira grande obra que Bertrand Russell dedicou a essa questão, *The Principles of Mathematics* [*Os princípios da matemática*], publicada em 1903, bem como na da obra paralela do lógico-matemático alemão Gottlob Frege, *Grundgesetze der Arithmetik* [*As leis fundamentais da aritmética*], em dois volumes publicados, em 1893 e 1902, respectivamente. Wittgenstein interessou-se pelos problemas levantados pela descoberta dos paradoxos que, à época, agitavam os círculos matemático-filosóficos. Pouco antes de abril de 1909, ele pensou ter resolvido essa questão, e enviou sua solução a um colega e amigo de Russell, Philip Jourdain. Mas a solução não obteve o assentimento nem de Jourdain nem de Russell.

Após esse malogro, Wittgenstein dedicou-se, durante os anos letivos de 1909-10 e 1910-11, a suas pesquisas em aeronáutica, que resultaram em um projeto de motor de aviação cuja patente ele registrou em agosto de 1911. Esse motor não se mostrou apropriado para aviões, mas seu princípio foi retomado para equipar helicópteros durante e após a Segunda Guerra Mundial. Paralelamente a esse trabalho, Wittgenstein não cessou de desenvolver idéias filosóficas, e havia redigido, antes de 1911, o plano de uma obra de filosofia. Segundo o testemunho de sua irmã Hermine, durante todos esses anos Wittgenstein se sentia dividido entre suas duas "vocações", a de engenheiro e a de filósofo.

Durante o verão de 1911, Wittgenstein foi consultar Frege em Iena. A conselho deste, em vez de retornar à Universidade de Manchester, ele se dirigiu, no outono do mesmo ano, a Cambridge. Chegando duas semanas após o início das aulas, apresentou-se a Russell em 18 de outubro e começou a seguir seu curso no dia seguinte. Eis o que Russell escreveu sobre Wittgenstein no dia 19 de outubro à sua amiga *lady* Ottoline Morrell:

> Meu amigo alemão arrisca ser uma calamidade. Ele saiu comigo após a aula e discutiu até o momento da refeição – obstinado e perverso, mas, ao que me parece, não é um idiota.

Wittgenstein iria passar dois anos em Cambridge ao lado de Russell, que rapidamente formou uma idéia muito elevada de sua inteligência. Algumas semanas após sua chegada a Cambridge, Wittgenstein perguntou a Russell se lhe parecia que ele, Wittgenstein, poderia fazer algo de bom em filosofia. Favoravelmente impressionado por um pequeno texto inicial que Wittgenstein lhe enviara, Russell respondeu-lhe positivamente em janeiro de 1912. Wittgenstein abandonou então seus projetos aeronáuticos e voltou-se inteiramente para a filosofia, pondo também um fim a nove anos de angústia e pensamentos suicidas. Em Wittgenstein, Russell viu rapidamente um "discípulo" capaz de dar uma forma mais satisfatória a seus *Principia Mathematica*, publicados em 1910, e que davam continuidade aos *Principles* de 1903.

Durante esses dois anos, Russel e Wittgenstein mantiveram uma relação tão estreita quanto conturbada. Eles eram demasiado diferentes para que o relacionamento não acabasse mal. Em outubro de 1913, após ter ditado a Russell o primeiro resultado de suas reflexões sobre a lógica (editada a seguir sob o título de "Notas sobre a lógica"), Wittgenstein decidiu que não podia mais trabalhar adequadamente em Cambridge, e que precisava de tranqüilidade e solidão. Partiu então para a Noruega no outono, instalando-se em Skjolden, pequena cidade situada à beira de um fiorde ao norte de Bergen. Lá permaneceu até o fim da primavera de 1914, em uma pequena casa isolada que fez construir à beira do fiorde. Em fevereiro de 1914 enviou uma carta de ruptura a Russell. Continuaram a se escrever e, após a Primeira Guerra, a se ver, mas seu relacionamento se modificou e não foi mais tão apaixonado e conflituoso como tinha sido até o outono de 1913.

O pai de Wittgenstein havia morrido em janeiro de 1913. Em julho do ano seguinte, Wittgenstein, de volta a Viena, pediu a Ludwig von Ficker que distribuísse uma gorda soma em dinheiro a artistas necessitados. Ficker, editor de um jornal literário em Innsbruck, havia adquirido grande reputação nos anos de 1910 e havia se feito porta-voz da vanguarda de língua alemã. Ficker repartiu a maior parte das 100.000 coroas que Wittgenstein lhe confiara entre Rainer Maria Rilke, Georg Trakl e Carl Dallago.

Surpreendido pela guerra quando ainda estava em Viena, Wittgenstein alistou-se em 7 de agosto no exército austríaco (ele havia sido dispensado do serviço militar no ano anterior). Até o início de novembro de 1914, ele navega pelo Vístula, longe das zonas de combate, a bordo de um barco tomado aos russos, o *Goplana*. Foi durante esses meses – passados entre soldados que, como seus camaradas do colégio em Linz onze anos antes, inspiraram-lhe imenso desgosto – que ele teve ocasião de ler o *Resumo dos Evangelhos* de Tolstoi, o único livro que conseguira encontrar em uma livraria por ocasião de uma de suas escalas, obra que o impressionou muito e o ajudou a superar sua aflição espiritual.

Na mesma época, seu irmão Paul, também mobilizado, foi ferido e perdeu o braço direito. Pianista-concertista, esse fato parecia pôr um fim a sua carreira. Contudo, à força de trabalho, ele conseguiu voltar a tocar após a guerra, apenas com a mão esquerda, e a ensinar. Foi para Paul que o compositor francês Maurice Ravel escreveu seu *Concerto para a mão esquerda*.

Em novembro de 1914, Wittgenstein estava na cidade de Cracóvia, onde permaneceria até o verão de 1915, trabalhando numa oficina de consertos da artilharia, na qual seus talentos de engenheiro foram de utilidade. Ao retornar de uma estadia de três semanas em Viena durante o mês de agosto de 1915, foi transferido para Sokal, ao norte de Lemberg, onde passou o outono e o inverno de 1915-16.

A seu pedido, foi finalmente incorporado a uma unidade de combate, na frente russa, em março de 1916. Se os meses de março e abril não viram combates muito intensos, as coisas mudaram em junho, com o início da ofensiva Brusilov sobre as linhas austro-alemãs. Wittgenstein deu mostra de grande coragem, e foi citado para uma condecoração, antes de ser promovido a cabo. Enquanto a ofensiva russa marcava passo, ele foi enviado ao comando de seu regimento em Olmütz no fim do mês, para lá receber um treinamento de oficial. Esses meses de violentos combates e de enfrentamento diário com a morte influenciaram evidentemente o curso de suas reflexões, e seus cadernos mostram que foi nesse momento que ele elaborou as grandes linhas de reflexão que se acham ao final do *Tractatus* sobre o "sentido" do mundo, que ele diz que só pode estar fora do mundo.

Os meses que Wittgenstein passou em Olmütz, no outono de 1916, foram relativamente felizes: lá ele conheceu Paul Engelmann, jovem arquiteto discípulo de Adolf Loos, junto com quem, alguns anos mais tarde, iria construir uma casa para sua irmã; esse encontro lhe permitiu afastar-se um pouco do meio militar.

O ano de 1917 encontrou Wittgenstein na frente russa, inicialmente calma durante o inverno da primeira revolução russa, depois mais agitada quando Kerensky quis retomar as hostilidades no mês de julho. Ao termo da contra-ofensiva vitoriosa dos impérios centrais, Wittgenstein chegou até Czernowitz, atualmente na Ucrânia, no mês de agosto de 1917. Lá ficou estacionado com sua unidade até a assinatura dos acordos de Brest-Litovsk em março de 1918. Foi mais uma vez homenageado por sua valorosa conduta durante a ofensiva Kerensky.

Foi durante esse inverno sem atividade militar que Wittgenstein preparou uma primeira versão daquilo que alguns meses mais tarde se transformaria no *Logisch-Philosophische Abhandlung*, mais conhecido sob o nome latino que Moore, professor em Cambridge, amigo de Russell e Wittgenstein, sugeriu para a edição inglesa: *Tractatus Logico-Philosophicus*.

Enviado para a frente italiana em março de 1918, Wittgenstein tomou parte na desafortunada ofensiva do exército austríaco em junho, em que distinguiu-se mais uma vez por sua coragem. Após a retirada austríaca em julho, ele se beneficiou de uma longa licença que passou em casa de seu tio Paul, durante a qual pôs um ponto final em seu tratado. A partir de setembro passou a procurar um editor, e começou a enfrentar as reticências e recusas que tanta dificuldade teve em admitir. Essa situação perdurou até o aparecimento de uma primeira edição alemã, cheia de erros, em 1921, e a edição inglesa, bem melhor, em 1922.

De volta à frente italiana no fim do mês de setembro, Wittgenstein caiu prisioneiro no início de novembro, por ocasião da última ofensiva italiana. Confinado inicialmente em Como, foi transferido em janeiro de 1919 para Cassino, ao norte de Nápoles, onde deveria permanecer até agosto do mesmo ano. Nesses campos de prisioneiros Wittgenstein conheceu o escultor Michael Drobil e, especialmente, Ludwig Hänsel, um professor primário apaixonado pela pedagogia e pelos bons princípios "católicos". Foi pelo contato com este último que Wittgenstein resolveu se tornar professor primário, sendo que até então parecia atraído por uma vida monástica.

Retornando a Viena no final de agosto de 1919, Wittgenstein liquidou o patrimônio que havia herdado de seu pai em favor de suas irmãs e seu irmão, cometendo assim o que seus parentes chamaram um "suicídio financeiro". Ele repetiria a mesma operação em 1926, após a morte de sua mãe. Essa renúncia a uma fortuna muito substancial desempenhou, a seguir, um papel muito importante na construção da imagem piedosa de Wittgenstein; parece que se tratava, para ele, de conquistar sua autonomia frente a sua família e tornar-se alguém por si próprio. Nessa mesma perspectiva, ele decidiu sair da casa da família e instalar-se em um alojamento independente.

No decorrer do ano letivo de 1919-20, Wittgenstein inscreveu-se em uma escola de formação de professores primários. Esse ano, do imediato pós-guerra, foi sem dúvida muito difícil para ele; sentia-se desorientado e infeliz, e, uma vez concluída sua formação de professor, fez-se jardineiro, durante o ano de 1920, em um mosteiro perto de Viena, para tentar, por meio da fadiga, mitigar sua infelicidade.

Assim, nos seis anos seguintes, Wittgenstein trabalhou como professor primário na Baixa Áustria; sucessivamente em Trattenbach, Puchberg e Otterthal, dois anos em cada localidade. No pós-guerra, esses vilarejos eram muito pobres, e Wittgenstein tinha pouca estima pela população rural com que tinha de lidar. Reciprocamente, os habitantes desses lugares estavam surpresos pela chegada, nessa região afastada, de um "grande burguês" vienense de estranhos comportamentos. Wittgenstein logo adquiriu a reputação, de modo algum infundada, de ser rude com seus alunos. Contudo, muitos testemunhos posteriores permitem pensar que foi um professor competente, e que obteve excelentes resultados com certos alunos. Mas tudo isso acabou bem mal: em abril de 1926, depois de um incidente em sala de aula – uma criança desfaleceu depois de ser golpeada por Wittgenstein –, este foi denunciado pelos pais da criança e decidiu, então, abandonar definitivamente a profissão.

Durante esses anos "rurais", Wittgenstein manteve um certo contato com Viena e Cambridge. Ele reviu Russell logo que foi libertado, e mais tarde durante o verão de 1922, quando este, sua nova esposa e seu filho vieram passar alguns dias em Innsbruck. A partir da primavera de 1922, recebeu várias vezes a visita de Frank Ramsey, jovem matemático e filósofo de Cambridge, extraordinariamente brilhante, que havia participado da tradução do *Tractatus* e com quem Wittgenstein manteve uma relação muito estreita até sua morte em 1930. As pessoas de Cambridge (Russell, Moore, Keynes) insistiram durante todo esse período para que Wittgenstein retornasse à Inglaterra.

Além disso, o *Tractatus*, publicado no final de 1922 na Inglaterra, começava a ser divulgado e lido. Foi assim que Moritz Schlick, um filósofo de primeira linha, professor da Universidade de Viena, entrou em contato com Wittgenstein durante o verão de 1924, para convidá-lo a explicar e precisar seu pensamento para um grupo de filósofos e estudiosos que se reuniam regularmente com ele. Esse foi o grupo que em 1928 tornou-se o "Círculo Ernst Mach", mais usualmente denominado o "Círculo de Viena". Por razões diversas, foi só em fevereiro de 1927 que Wittgenstein e Schlick se encontraram em casa de uma das irmãs do primeiro, fato que marcou o início de um período de vários anos de encontros e discussões entre Wittgenstein e alguns membros do Círculo, essencialmente Schlick e seu assistente, Friedrich Waismann.

Depois de ter encerrado brutalmente sua carreira de professor primário em abril de 1926, Wittgenstein, novamente infeliz e desesperado, refugiou-se em um mosteiro próximo a Viena, e, em vez de tornar-se monge, tornou-se jardineiro, como seis anos antes. Ele retornou a Viena no verão, após a morte de sua mãe, ocorrida em 3 de junho de 1926.

Até janeiro de 1929, Wittgenstein permaneceu em Viena, basicamente ocupado com a construção, em colaboração com seu amigo Engelmann, de uma casa para sua irmã Margarete (Gretl) Stonborough. Essa casa foi descrita por sua irmã Hermine como "uma lógica tornada casa": o exterior, cúbico e desnudo, não tem muito charme, mas o interior é notável pelo cuidado que Wittgenstein dedicou a cada detalhe. A casa existe ainda, mas infelizmente o interior foi modificado e não se parece em nada com o que Wittgenstein pretendia.

Esses dois anos foram para ele uma oportunidade de voltar ao mundo e retomar as atividades filosóficas em ligação com o Círculo de Viena, reunido ao redor de Moritz Schlick. Parece que Wittgenstein finalmente admitiu que ainda era capaz de fazer um bom trabalho em filosofia ao assistir a uma conferência realizada em Viena em 10 de março de 1928 pelo matemático holandês Luitzen Egbertus Jan Brouwer, fundador do que, em filosofia da matemática, se chama escola "intuicionista". A pedido de Schlick, que desejava publicar uma exposição mais acessível das teses do *Tractatus*, Wittgenstein começa a ditar a Waismann textos que deveriam servir de material para um livro que este se encarregaria de organizar. Esse estranho arranjo durou algum tempo, com Wittgenstein comunicando a Waismann o estado atual de suas reflexões em cada uma de suas viagens a Viena no início dos anos 30, e Waismann tentando criar a partir disso um texto ordenado e claro. Nada disso, efetivamente, deu certo.

Por fim, Wittgenstein retomou sua carreira filosófica e voltou a Cambridge em janeiro de 1929. Lá obteve seu doutorado com o *Tractatus* em junho do mesmo ano, e beneficiou-se de uma bolsa para o verão e o outono. A partir de janeiro de 1930, começou a dar cursos, mas foi apenas no fim desse ano que se tornou *fellow* (assistente) por um período de cinco anos, que durou até a primavera de 1936.

Dessa época data inicialmente um texto que Wittgenstein redigiu durante o ano de 1930, sobretudo durante o verão: as *Observações filosóficas*, que não foi publicado, mas serviu-lhe para obter o posto de assistente. Ao longo dos anos seguintes (1931-34), ele começou a dar forma a um conjunto de observações reunidas sob o título de *Gramática filosófica*. Wittgenstein tinha o hábito de anotar em cadernos o resultado de suas reflexões diárias, depois recortava e reunia o material que lhe parecia interessante. Eventualmente, ditava o produto desse trabalho, que era retomado, revisado, etc. Ele se queixava de ter muita dificuldade em colocar por escrito e exprimir exatamente seu pensamento; disso resultou que, na maior parte das vezes, se não em todas, ficava insatisfeito com o que produzia. É por isso que, apesar de escrever muito, Wittgenstein não publicou nada.

Dos anos 1933-34 e 1934-35 datam igualmente dois *Cadernos*, o *Azul* e o *Marrom*, que ele ditou a seus estudantes e que circulavam em Cambridge.

Wittgenstein tinha pouco gosto pela vida acadêmica. Sempre tentou dissuadir seus estudantes de se tornarem professores de filosofia, e ele próprio esteve inclinado a buscar outra profissão. Nessa época considerou estudar medicina e chegou a pensar em emigrar para a União Soviética para dedicar-se a algum trabalho manual. Aprendeu russo nos anos 1934-35 e fez uma curta estadia de dez dias em São Petersburgo e Moscou em setembro de 1935. Ele recebeu, aparentemente, a oferta de ensinar em uma universidade, mas não a de trabalhar em uma cooperativa agrícola ou uma fábrica!

Quando chegou ao fim seu período de assistente (*fellowship*), na primavera de 1936, Wittgenstein, em vez de procurar um outro tipo de trabalho, resolveu terminar "seu" livro e, para isso, voltar a viver solitariamente em sua pequena casa na Noruega. Lá morou de agosto de 1936 a dezembro de 1937, mas não deixou de passar, como todo ano, as festas de Natal em Viena com sua família, e também algumas semanas no início do verão de 1937. Dessa época datam as primeiras páginas de suas *Investigações filosóficas*.

Pouco satisfeito com sua vida solitária, Wittgenstein retorna a Viena em dezembro de 1937, sem saber o que fazer. Não é impossível que tenha voltado a considerar uma carreira em medicina; o fato é que viajou, no início de fevereiro de 1938, para Dublin, na Irlanda, em visita a seu ex-aluno e agora amigo Maurice O'Connor Drury, o qual Wittgenstein havia feito abandonar a filosofia e estava concluindo seus estudos de psiquiatria. Foi de

Dublin que ele acompanhou com inquietação os desdobramentos do *Anschluß* (anexação da Áustria pela Alemanha) em fevereiro e março de 1938. Seu primeiro impulso foi retornar para junto de sua família, mas foi rapidamente dissuadido por um de seus amigos, o economista marxista Piero Sraffa, que ensinava em Cambridge, e que o fez compreender que, se fosse para a Áustria, não poderia mais sair de lá.

Essa difícil situação levou Wittgenstein a tentar obter um posto estável em Cambridge e a requerer a nacionalidade inglesa. Retomou seus cursos em Cambridge durante o verão de 1938 a título privado, e foi escolhido professor de Filosofia em substituição a Moore, em fevereiro de 1939. Obteve a nacionalidade inglesa em 2 de junho de 1939. Ao longo desses meses, as irmãs de Wittgenstein, não querendo deixar Viena apesar do perigo que representava para elas sua ascendência judaica, negociaram com as autoridades nazistas e conseguiram não ser consideradas judias em troca do repatriamento de uma boa parte de sua fortuna na Alemanha nazista. Quanto a seu irmão Paul, ele se exilou nos Estados Unidos.

Wittgenstein lecionou continuamente por três anos, até o início de 1941. Seus cursos trataram essencialmente da questão do fundamento da matemática. Contudo, ele não aceitava a idéia de continuar ensinando em Cambridge como se nada estivesse acontecendo, sem participar do esforço de guerra. No outono de 1941, conseguiu alistar-se, inicialmente como porteiro, depois como auxiliar de farmácia do Guy's Hospital de Londres. Lá permaneceu até abril de 1943, data na qual ingressou, como assistente, em um laboratório de fisiologia em Newcastle, que trabalhava com os traumatismos provocados por ferimentos graves.

Desejoso de publicar, enfim, "seu" livro, Wittgenstein havia entrado em contato, em setembro de 1943, com a editora da Universidade de Cambridge, que deu sua concordância em janeiro de 1944. Já em fevereiro do mesmo ano ele deixou Newcastle e conseguiu que a universidade o dispensasse de retomar seus cursos imediatamente. Dirigiu-se a Swansea, no País de Gales, para junto de seu ex-aluno Rush Rhees, para tentar, em vão, concluir seu livro. Teve, entretanto, de retornar, contra sua vontade, a Cambridge no outono de 1944.

Apesar de uma repugnância cada vez mais viva pelo ambiente de Cambridge e da Inglaterra do pós-guerra, e também pela atividade de ensino, Wittgenstein continua a dar aulas até a primavera de 1947, dirigindo seu curso essencialmente para a filosofia da psicologia. No decorrer do ano letivo de 1945-46, conclui o que hoje constitui a primeira parte das *Investigações filosóficas*. Decidiu apresentar sua demissão em agosto de 1947.

Do final de 1947 até a primavera de 1948, Wittgenstein foi viver solitariamente na Irlanda, depois, em 1948-49, em um hotel em Dublin, mais uma vez para terminar "seu" livro, mas sem minimamente consegui-lo. Cada vez mais fatigado, sofria de males intestinais e de depressão. Mesmo assim, deixou textos datilografados relativamente bem acabados antes de partir para os Estados Unidos em julho de 1949 a convite de um de seus antigos alunos. Dessa época até sua morte, Wittgenstein viveu em casas de amigos, não tendo mais emprego nem rendimento fixos.

De volta dos Estados Unidos, no fim de outubro de 1949, sofrendo cada vez mais, não pôde ir para a Irlanda e teve de ficar na casa de seu amigo Georg Henrik von Wright em Cambridge. Um câncer na próstata foi diagnosticado em novembro. Wittgenstein resolveu então retirar-se para Viena, para a casa da família, onde chegou no final de dezembro. Sua irmã mais velha, Hermine, também sofrendo de câncer, estava muito mal e faleceu em 11 de fevereiro de 1950.

Nesse meio tempo, como seu estado de saúde melhorara e lhe parecia ainda possível viajar, Wittgenstein retornou à Inglaterra no começo de abril, de início para a casa de von Wright em Cambridge, e, a partir de maio, em Oxford, na casa de Elizabeth Anscombe, outra de seus estudantes. Com um amigo, ele voltou até mesmo a sua pequena casa na Noruega, no mês de outubro, e, ao retornar, em novembro, chegou a fazer planos de lá se instalar para trabalhar. Mas um agravamento de seu quadro de saúde no final de dezembro tornou impossível a realização desse projeto.

Necessitando então de cuidados médicos constantes, Wittgenstein instalou-se no início de fevereiro de 1951 em casa de seu médico, dr. Bevan. Durante os dois últimos meses de sua vida, redigiu uma boa parte daquilo que em seguida foi publicado com o título *Sobre a certeza*. Morreu em 29 de abril, dois dias após completar 62 anos.

Wittgenstein ficou célebre muito cedo, em certos meios filosóficos. Sua primeira obra, a única publicada durante sua vida, havia atraído a atenção de todos os que na Áustria, na Alemanha e na Inglaterra se interessavam pela teoria do conhecimento e consideravam que a "nova lógica" de Frege e Russell tinha importantes conseqüências filosóficas (o que não ocorreu na França). Ao retornar a Cambridge em 1929, Wittgenstein já era considerado um pensador de envergadura.

Wittgenstein desconcertou os que o conheciam no início da década de 1930 ao desenvolver, junto com seus interlocutores do Círculo de Viena e em seus cursos em Cambridge, novas concepções que pareciam ir em boa medida contra o que ele havia defendido no *Tractatus*. Sua própria maneira de ensinar, sobretudo, era estranha: dava aula sem anotações, não fazia uma exposição ordenada, as aulas consistiam antes em um jogo de questões, de objeções, de respostas mais ou menos desenvolvidas, uma espécie de conversação entre Wittgenstein e sua audiência, pontuada de numerosos silêncios, em uma atmosfera de concentração intelectual que deixava todos exaustos. Esses cursos eram a única forma que Wittgenstein tinha de "publicar" suas novas idéias, mas parece que os estudantes que participavam de suas aulas, por mais fascinados que estivessem, nem sempre compreendiam onde ele queria chegar nem qual era a verdadeira importância das observações, freqüentemente muito simples, que ele fazia. O próprio Wittgenstein não se considerava um bom professor, e parecia-lhe que muitos de seus estudantes extraíam de seu ensino principalmente tiques de linguagem e maneiras de falar, o que o deixava desgostoso.

Disso resultou um fenômeno clássico em circunstâncias desse tipo: uma reputação de grande "profundidade", de enunciar coisas de capital importância, mas sem que se pudesse dizer realmente em que e por quê... Além disso, todas as tentativas feitas pelos que seguiram seus cursos para expor ao público suas novas "idéias" enfureciam Wittgenstein, pois ele sempre tinha o sentimento de ter sido mal compreendido e, portanto, traído. É fácil entender, assim, que os mais fantasiosos boatos tenham corrido sobre ele, tanto quanto ao conteúdo de suas aulas quanto à sua maneira de ser.

Wittgenstein não se contentava em dar aulas. Ele participava regularmente das reuniões das sociedades e outros "clubes" filosóficos de Cambridge, e nelas monopolizava a palavra. Ele acreditava, de fato, que um filósofo que não participa de discussões é como um boxeador que se recusa a subir ao ringue. Freqüentemente convidava seus melhores estudantes para conversas filosóficas, e assim constituiu-se em torno dele um grupo de "discípulos" sobre os quais Wittgenstein exercia uma influência que ia bem além da pura filosofia, não hesitando em distribuir conselhos e reprimendas, e a ponderar as escolhas de vida que esses jovens deviam fazer.

Muitos desses discípulos publicaram depois de sua morte "recordações de Wittgenstein" que fazem irresistivelmente pensar em evangelhos, não mais segundo São Lucas ou São João, mas segundo São Malcolm ou São Drury, nos quais se acham devotamente recolhidas todo tipo de anedotas mais ou menos insignificantes destinadas a tornar manifesta a personalidade "extraordinária", quando não o "gênio" de Wittgenstein. Esses escritos contribuíram por certo para um melhor conhecimento do personagem, mas também para manter a sensação de que, para além do que se pode ler de Wittgenstein e que pode freqüentemente parecer de uma banalidade desconcertante, há "alguma coisa" de indizível e, entretanto, imensamente importante. O estranho é que Wittgenstein teria sem dúvida odiado essa espécie de literatura...

Resta, então, a obra. Esta se apresenta de uma forma complicada. Como vimos, Wittgenstein só publicou um trabalho, destinado a ter uma grande repercussão. Tinha então 32 anos de idade. O *Tractatus* é um pequeno livro, de aproximadamente 70 páginas, constituído de uma série de observações ou curtos parágrafos numerados, cuja ordenação parece à primeira vista bastante enigmática. Nesse tratado, Wittgenstein pretendia ter dito tudo o que havia a dizer, pois, como informa no prefácio:

> [...] a verdade dos pensamentos aqui apresentados parece-me inatacável e definitiva. Creio, portanto, no essencial, ter resolvido definitivamente os problemas.

Mas ele não precisou de que problemas se tratava...

Contudo, quando procurou esclarecer, ao final dos anos 20, o que havia pretendido dizer nesse texto denso e pouco explícito, Wittgenstein chegou rapidamente à conclusão de que não podia mais aceitar um grande número de teses que ali se encontravam afirmadas. Desenvolveu então, ao mesmo tempo, concepções novas e, sobretudo, uma forma original de filosofar. Se as tentativas que fez a partir desse momento para escrever seus novos pensamentos não resultaram em nenhuma obra acabada, não é menos verdade que encheu milhares de páginas de observações e reflexões que, antes de sua morte, ele confiou a três de seus estudantes e amigos: Elizabeth Anscombe, Rush Rhees e Georg Henrik von Wright.

Dois anos após sua morte, em 1953, estes últimos publicaram as *Investigações filosóficas*, esse livro impossível de terminar em que Wittgenstein trabalhava desde os anos 1935-36, mas do qual apenas a primeira parte, como vimos, havia sido mais ou menos concluída no fim do inverno de 1946. O que se apresenta atualmente como sua segunda parte é, de fato, um conjunto de anotações arranjadas nos meses de junho e julho de 1949, que devia servir, ao que parece, para uma nova revisão da primeira parte. A "verdadeira" segunda parte projetada por Wittgenstein teria sido dedicada à análise dos conceitos matemáticos. Apesar dessas diferenças entre o livro planejado e o livro tal como existe hoje, pode-se considerar que estamos tratando com um texto que corresponde *aproximadamente* ao que Wittgenstein aceitaria ver publicado.

Pode-se então admitir que a obra "autenticamente" wittgensteiniana se compõe do *Tractatus* e – mas isto é mais discutível – dessas *Investigações filosóficas*. Essas duas obras desenvolvem idéias que podem parecer muito diferentes, com as *Investigações* constituindo em parte uma espécie de refutação do *Tractatus*. O resultado é que freqüentemente se admite que há *duas* filosofias de Wittgenstein, e um dos exercícios favoritos dos comentadores é o de se perguntarem se essas duas "filosofias" são verdadeiramente opostas, ou se, ao contrário, haveria uma certa continuidade de uma para a outra.

Mas o que se pode tomar como sendo a obra de Wittgenstein não se restringe a esses dois trabalhos. Como vimos, Wittgenstein não cessou de anotar suas reflexões, para depois extrair desse material elementos com os quais tentava produzir textos apresentáveis, que ele mandava datilografar e depois recortava, reorganizava, etc. Os executores testamentários de Wittgenstein exploraram essa massa de manuscritos e publicaram diversos "livros" que correspondem mais ou menos a estágios dos arranjos feitos por Wittgenstein. Para isso, eles próprios tomaram a liberdade de selecionar e dar forma a esses manuscritos sem que se saiba muito bem em nome de quais critérios eles se sentiram autorizados a fazê-lo. Dentre esses "livros" podem-se citar:

– as *Observações filosóficas*, que foram escritas ao longo dos anos 1929-30 e serviram para que Wittgenstein obtivesse seu posto de assistente;

– a *Gramática filosófica*, extraída de um grande texto datilografado começado em 1932 e que estranhamente ainda não foi publicado na íntegra;

– os *Cadernos azul e marrom*, que Wittgenstein ditou respectivamente em 1933-34 e 1934-35, o *Caderno marrom* podendo ser considerado como uma primeira versão abandonada das *Investigações filosóficas*;

– as *Observações sobre os fundamentos da matemática*, conjunto de textos provenientes de manuscritos e de textos datilografados dos anos 1937-44; a primeira parte dessas *Observações* é a única que teve sua forma mais ou menos estabelecida por Wittgenstein, e deveria constituir a segunda parte das *Investigações filosóficas*;

– as *Observações sobre a filosofia da psicologia*, que correspondem a dois blocos datilografados que Wittgenstein mandou preparar em 1948 e 1949;

– *Sobre a certeza*, último conjunto de observações manuscritas, as últimas das quais foram escritas dois dias antes de sua morte.

A esses textos escritos pela mão de Wittgenstein, mas cujo arranjo freqüentemente não foi feito por ele, junta-se um conjunto de textos de estatuto ainda mais indefinido.

De um lado, foram publicadas as notas de aulas de seus estudantes referentes aos cursos dados durante os anos 1930-31, 1931-32, 1932-33, 1934-35, e 1946-47, bem como os importantes cursos do inverno e da primavera de 1939 sobre os fundamentos da matemática.

De outro lado, dispõe-se de notas que foram ditadas por Wittgenstein (ou textos resultantes desses ditados), seja durante conversas que ele teve com membros do Círculo de Viena entre dezembro de 1929 e julho de 1932, seja por Friedrich Waismann quando este estava preparando sua obra de apresentação das idéias de Wittgenstein no decorrer dos anos 1930-34.

Todos esses "livros", notas de cursos ou ditados constituem outros tantos testemunhos da evolução do pensamento de Wittgenstein a partir de 1929 e permitem "preencher" o vazio entre o *Tractatus* e as *Investigações filosóficas*, que permanecem, apesar de tudo, os únicos textos que se pode atribuir autenticamente a Wittgenstein.

2
O *Tractatus*: preliminares

Vimos anteriormente que é comum admitir-se que há duas "filosofias" de Wittgenstein; digamos, para simplificar, Wittgenstein I e Wittgenstein II. A primeira está integralmente desenvolvida no *Tractatus*, no qual assenta a reputação do autor em certos círculos filosóficos; a outra está exposta, sobretudo, em seu livro póstumo, as *Investigações filosóficas*. Tentaremos de início caracterizar sumariamente esta oposição.

O *Tractatus* expõe aquilo que constitui a natureza da linguagem e do mundo e que permite compreender como as proposições têm sentido, isto é, podem exprimir estados de coisas, e ser verdadeiras ou falsas.

Essa pesquisa tornou-se necessária pelo fato de que as linguagens ordinárias que aprendemos no decorrer da infância têm uma gramática defeituosa que torna possível a construção de proposições que parecem ter um sentido, mas que de fato não o têm. Trata-se, essencialmente, de proposições que podem ser encontradas em obras de "metafísica". Ao revelar em que consiste a possibilidade de uma proposição ter sentido, o *Tractatus* supostamente deve evitar esses usos indecorosos da linguagem e pôr um fim aos embaraços "filosóficos" que se fundam apenas em uma má compreensão da verdadeira natureza da linguagem.

A tese essencial desenvolvida no *Tractatus* é que deve haver alguma coisa em comum entre a linguagem e o mundo se quisermos compreender como podemos formular proposições capazes de serem verdadeiras ou falsas, isto é, dotadas de sentido. O que a linguagem e o mundo compartilham é uma mesma "forma lógica", que se encontra exibida nas proposições da lógica. Nesse ponto o *Tractatus* tenta resolver um imenso problema deixado em aberto pelos grandes predecessores de Wittgenstein – Frege, mas sobretudo Russell –, a saber: que é uma "verdade lógica"? Eis por que o *Tractatus* foi inicialmente considerado como trazendo uma contribuição a essa ciência particular que é a lógica, que havia sido tão profundamente renovada por esses dois autores. Eis também por que, às vezes se classifica Wittgenstein I entre os lógicos.

Assim, o empreendimento que Wittgenstein pretende levar a cabo em sua primeira obra consiste em esclarecer o que há de essencial em toda linguagem e que permite que aquilo que dizemos possa eventualmente exprimir o que de fato é o caso.* Isso o leva, ao mesmo tempo, ao afastamento da linguagem ordinária que não está logicamente em ordem e à proposição de um simbolismo artificial que esteja em ordem, isto é, um tipo de "linguagem ideal".

É quanto a este último ponto que a virada de Wittgenstein II, a partir do início dos anos 30, é mais espetacular. A idéia de que haveria *uma* forma da proposição graças à qual ela teria sentido, que seria preciso revelar essa forma e, eventualmente, inventar um simbolismo

---

* Empregamos sistematicamente nesta tradução a expressão "ser o caso" no sentido de "ser real", "ser de fato", "existir", para traduzir a expressão "être le cas" do texto francês, que corresponde ao "der Fall sein" do original alemão de Wittgenstein; como, por exemplo, na primeira sentença do *Tractatus*: "Die Welt ist alles, was der Fall ist", ou, "o mundo é tudo que é o caso", na consagrada tradução brasileira de Luiz Henrique Lopes dos Santos. [N. T.]

artificial no qual ela seria imediatamente manifesta, tudo isso é agora completamente rejeitado. O sentido do que dizemos se revela nos usos que fazemos de nossos instrumentos lingüísticos, usos muito diversos, que seria ilusório querer remeter a um único protótipo. À "pureza" da lógica, que supostamente exibiria a forma comum à linguagem e ao mundo, Wittgenstein II opõe o que se chama às vezes a linguagem ordinária, com sua riqueza e sua variedade. Se quisermos determinar o que "quer dizer" esta ou aquela expressão, é preciso retornar aos usos que dela fazemos na vida cotidiana.

Mas essa virada de Wittgenstein II deixa intocado um ponto que levantamos em relação ao *Tractatus*. Nosso autor não abandona a idéia de que a maior parte dos embaraços filosóficos provém de um mau uso das expressões da linguagem a nossa disposição. Ele mantém, portanto, a idéia de que os filósofos não compreendem a "lógica" da linguagem, mas aqui "lógica" quer dizer apenas os modos de funcionamento das palavras e expressões tais como elas se revelam quando se observa seu uso "cotidiano". É necessário, portanto, para sair desse embaraço que Wittgenstein II compara às doenças mentais, observar quais são esses usos, "descrever" o modo de funcionamento de tal ou tal palavra. Isto é evidentemente difícil de realizar, pois não se trata de fazer pesquisas nas ruas para saber como se utiliza tal ou tal expressão, mas de relembrar algo que jamais se ignorou de fato, mas que foi no entanto esquecido, ou, se se quiser, de traçar como que o mapa de nossa linguagem.

Não se trata, assim, de ir explorar as profundezas da linguagem, mas, ao contrário, de permanecer na superfície dos usos lingüísticos. Isso exige simplesmente que se tenha aquilo que Wittgenstein chama uma visão sinóptica, em vez de se limitar à apreensão de um único aspecto ilegitimamente privilegiado, como fazem os filósofos.

Estas poucas indicações são, é claro, abusivamente simplificadas, mas bastam para introduzir nosso propósito: tomamos como fio condutor desta pequena apresentação da "filosofia" de Wittgenstein a idéia de que os problemas levantados pelos filósofos são na maior parte dos casos, se não em todos, o resultado de uma má compreensão do modo de significar das expressões que eles empregam. A solução dos problemas filosóficos passa, portanto, por um esclarecimento do modo de funcionamento de nossas linguagens, com base seja no modelo do *Tractatus*, seja no modelo das descrições que tentou fazer Wittgenstein II.

Devemos porém advertir o leitor de que esta forma de abordar a filosofia de nosso autor é certamente parcial, e carrega consigo alguns preconceitos. É evidente que uma obra tão exuberante como problematicamente editada pode ser compreendida de maneiras muito diversas e que, mais do que qualquer outra obra filosófica, seria sem dúvida possível justificar em seu caso as leituras mais incompatíveis. De resto, poucas obras contemporâneas suscitaram tantos comentários e exegeses.

Acrescente-se que, por razões que não é preciso expor aqui e que se devem a preferências filosóficas do autor destas linhas, o *Tractatus* receberá aqui uma importância relativa desproporcional a seu número de páginas. Tomamos, de fato, essa obra como uma "obra-prima" filosófica, no sentido de que os aprendizes que desejam ingressar em uma corporação têm o dever de terminar seu aprendizado com uma obra-prima.

1. *O objetivo do* Tractatus

Eis como Wittgenstein apresenta no "prefácio" o objetivo do *Tractatus*:

> Este livro trata dos problemas filosóficos e mostra, segundo creio, que a maneira de colocar esses problemas decorre de uma má compreensão da lógica de nossa linguagem. Todo o sentido deste livro poder-se-ia exprimir nestes termos: aquilo que, no fim das contas, pode ser dito, pode ser dito claramente, e deve-se guardar silêncio sobre o que não se pode falar.

Dois pontos desse pequeno texto chamam a atenção. Ao afirmar, logo de início, que os problemas filosóficos provêm de uma má compreensão da "lógica de nossa linguagem", Wittgenstein admite que os "problemas filosóficos" não passam de falsos problemas e não podem, portanto, ser resolvidos. Ao mesmo tempo, ele indica o trabalho a ser feito: mostrar qual é a lógica de nossa linguagem e assim dissolver esses falsos problemas. Eis aí em breves linhas o programa que o *Tractatus* se propõe a levar a cabo.

O segundo ponto desse texto permite precisar aquilo que, para Wittgenstein, parece constituir o vício que está na base de todos os problemas filosóficos e que os torna insolúveis: a solução que os filósofos pretendem dar a eles apresenta o erro de não guardar silêncio sobre o que não se pode falar. Os filósofos são pessoas que não compreendem que as questões que levantam e as respostas que procuram oferecer excedem o *limite* do que pode ser dito significativamente. O *Tractatus*, ao exibir a "lógica de nossa linguagem", circunscreveria portanto simultaneamente os limites do dizível.

Tudo isto está carregado de pressupostos. A idéia seminal que está no fundo dessa dupla afirmação que abre o *Tractatus* é que se pode ter a impressão de estar formulando questões e, ocasionalmente, respostas a essas questões dizendo coisas sensatas, quando na verdade não se está dizendo absolutamente nada...

Tomemos um exemplo. Entre os problemas filosóficos mais debatidos encontra-se este: o mundo teve um primeiro começo? O que Wittgenstein sugere é que uma tal questão e a afirmação correspondente (sim, o mundo teve um primeiro começo) buscam exprimir alguma coisa que de fato não se pode dizer. Entretanto, a questão é perfeitamente correta do ponto de vista gramatical, e tanto quem a formula como quem a escuta têm a sensação de compreendê-la. Não é como se se perguntasse: o mundo teve cujo? ou mesmo: o mundo teve escarlatina? No primeiro caso, é claro que as regras da gramática da língua portuguesa são violadas; no segundo, embora a gramática seja respeitada, parece haver nela um erro de categoria semântica: o mundo, tanto como uma pedra ou uma casa, não faz parte das coisas das quais faz *sentido* perguntar se tiveram ou não escarlatina. Há, no entanto, uma diferença entre esses dois exemplos. A primeira questão não tem estritamente nenhum sentido, ao passo que a segunda poderia ser compreendida como fazendo uso de uma metáfora: afinal, os jornalistas não hesitam em escrever que o mundo vai mal, que está (muito) doente, etc. Por que não ir um pouco além e perguntar de que doença ele sofre?

A tese de Wittgenstein, como se verá, é que a questão "o mundo teve um primeiro começo?" é tão desprovida de significado como "o mundo teve cujo?", ainda que pareça bem menos problemática do que "o mundo teve escarlatina?". Vejamos isto mais precisamente. Se apresentamos a questão "o mundo teve um primeiro começo?" a um físico, é bem provável, se ele for honesto, que responderá que não somente a questão não tem ainda resposta como, de fato, não tem sentido *em física*.* Com isso

---

* É de se supor que o autor tem em mente alguma coisa distinta da questão de se houve ou não um *Big Bang*, que é uma questão que tem claramente sentido e poderia ser considerada como uma legítima questão

ele quererá dizer que as formas de validação de enunciados da física excluem *a priori* uma resposta a essa questão, mas isso não significa que a questão não tenha sentido em geral, e nada proíbe pensar que ela possa receber uma resposta no quadro de uma religião ou de uma metafísica. Talvez a metafísica e a religião sejam, para nosso físico, apenas especulações fúteis e que vale mais a pena se restringir à trabalhosa elaboração de uma física científica, mas sua convicção só repousa em um argumento epistemológico, a saber, só a física, com sua metodologia austera e exigente, está em condições de nos fornecer verdades ou quase-verdades, ao passo que as religiões e metafísicas são apenas o resultado de uma preguiça ou delírio da mente que não pode atingir nada de interessante. Para nosso físico, a questão tem sem dúvida um sentido em geral, mas as respostas que se poderia pretender dar a ela estão destinadas a não poderem ser verdadeiramente justificadas e, portanto, a permanecerem no nível de profissões de fé sem valor objetivo.

Na história da filosofia, idéias desse gênero têm sido formuladas com freqüência. Desde que, no início do século XVII, a física se constituiu como ciência ao mesmo tempo matematizada e experimental, numerosos filósofos proclamaram que só essa maneira de elaborar conhecimentos era legítima, e que, conseqüentemente, era preciso abandonar definitivamente toda esperança de responder às vastas questões metafísicas do gênero "o mundo teve um primeiro começo?", pois uma eventual resposta não poderia ser oferecida senão indo além do que é dado pela experiência. Uma tal rejeição das especulações metafísicas foi de início vigorosamente expressa pelos empiristas britânicos e, mais particularmente, no século XVIII, por Hume,

---

científica. De resto, a questão discutida pelo autor, se o mundo teve um primeiro começo, não aparece no *Tractatus*. [N. T.]

cuja *Investigação sobre o entendimento humano* conclui com a célebre injunção:

> Ao percorrermos as bibliotecas [...], o que não será preciso destruir? Se tivermos em mãos um volume de teologia ou de metafísica escolástica, por exemplo, perguntemos: Contém ele raciocínios abstratos sobre a quantidade ou o número? Não. Contém ele raciocínios experimentais sobre questões de fato e existência? Não. Às chamas com ele, portanto, pois nada contém senão sofismas e ilusões.

É a uma conclusão do mesmo tipo que chega Kant ao final do mesmo século quando pensou ter estabelecido, na *Crítica da razão pura*, que o exercício da razão está limitado ao campo da experiência, pois os grandes conceitos que ela utiliza têm a função de constituir a experiência como uma experiência *para nós*. Tão logo a razão pretenda ir além da experiência, ela se perde em dificuldades em princípio insuperáveis, que decorrem de que ela usa, na ausência de todo dado sensível, conceitos que só têm uso legítimo em relação à intuição sensível, pois são constitutivos da própria experiência. A razão, que está sempre em busca de um incondicionado, tem certamente uma tendência natural a especular no vazio, mas o objetivo de Kant é precisamente pôr-nos em guarda contra essa tendência perniciosa.

A posição de Wittgenstein, tal como esboçada no trecho do "Prefácio" que citamos há pouco, recupera essa idéia de que os problemas filosóficos não são senão falsos problemas, mas ela a recupera a partir de um ponto de partida totalmente diferente: não é porque a metafísica nos conduz a especulações sem relação com a experiência que ela deve ser rejeitada, mas porque ela tenta exprimir o que *por princípio* nossas linguagens não nos permitem exprimir, o que leva à afirmação de que os enunciados metafísicos simplesmente não têm nenhum *sentido*, não mais do que os enunciados do gênero "o mundo tem cujo".

Em que se baseia uma tal afirmação? Já o vimos: na idéia de que os filósofos metafísicos têm uma má compreensão da "lógica de nossa linguagem". Isso equivale a dizer que se deve distinguir essa lógica de nossa linguagem da gramática que aprendemos na escola primária. Há enunciados que, embora gramaticalmente – e mesmo, parece, semanticamente – corretos, são logicamente falhos e, portanto, na verdade, desprovidos de sentido. Não se trata de dizer que esses enunciados são injustificáveis, indemonstráveis, sem suporte na experiência, etc., logo, irremediavelmente duvidosos, mas sim de afirmar que, na realidade, eles não dizem *nada*.

Que significa essa oposição entre gramática e lógica? Trata-se de uma contribuição original de Wittgenstein? Na verdade, não. Há, nessa oposição, dois aspectos que é preciso destacar.

De um lado, em geral, está aí envolvida a idéia de que o léxico e a gramática de nossas linguagens não são, por assim dizer, "inocentes". Esse tema está presente ao longo de todo o século XIX, particularmente na Alemanha. Ele provém da idéia, que se encontra esboçada no século XVIII em Herder, de que a linguagem não é uma ferramenta neutra a serviço do pensamento ou do espírito, mas aquilo em que e por meio de que o pensamento se constitui e se exerce. A linguagem molda o pensamento e o determina, portanto, do ponto de vista cultural e histórico; não há *um* pensamento, sempre o mesmo e independente de qualquer linguagem, preexistente às linguagens que os homens falam. Ao contrário: o pensamento só existe encarnado nas linguagens que são essencialmente realidades históricas, mutáveis no tempo e no espaço.

Numa tal perspectiva, pode-se chegar bem rapidamente à idéia de que o que se toma por verdades (metafísicas) sublimes, ou deduções inatacáveis, não é, na realidade, senão o efeito (inconsciente) de certas características das linguagens que falamos. Tomemos um exemplo simples. Podemos dizer, de maneira sensata, que tal ou tal proposição *é verdadeira* se o que ela expressa é de fato o caso. A formação de palavras derivadas permite-nos transformar um adjetivo em substantivo, de modo que podemos falar da *verdade* da proposição em questão; depois, por um deslocamento insensível, falamos da verdade enquanto tal, e começamos a especular sobre *a* Verdade, desta vez com um "V" maiúsculo, e perguntamo-nos, por exemplo, se existe uma Verdade em si, absoluta, etc.

Como se vê, é fácil enganarmo-nos e acreditarmos estar falando de alguma coisa quando se trata de uma mera possibilidade gramatical, da qual não há nenhuma garantia de que conduza sempre a expressões que designam uma realidade determinada. Numerosos autores no século XIX atacaram, assim, a metafísica com base no fato de que essa suposta "ciência" não era senão a sombra lançada pela gramática. Veja-se, por exemplo, como se exprimiu Nietzsche:

> A "razão" na linguagem: ah, que velha dama enganadora. Temo que jamais nos livraremos de Deus porque continuamos a crer na gramática...[1]

A conseqüência mais evidente desse tipo de perspectiva é sem dúvida uma forma de relativismo cético: se nossas maneiras de pensar são apenas produtos de nossas maneiras de falar, não faz muito sentido pretender que possamos enunciar verdades e que nossos raciocínios tenham qualquer validade "em si".

---

1. F. Nietzsche, *O crepúsculo dos ídolos.*

Wittgenstein estava sem dúvida pronto a admitir que um "pensamento é apenas uma proposição com sentido"[2] e que a gramática nos engana, mas, ao menos no *Tractatus*, ele não se contentou com essa postura puramente negativa. A oposição entre gramática e a "lógica de nossa linguagem" que se encontra no texto do "Prefácio" que citamos há pouco significa que, "por trás" da gramática superficial, há uma espécie de gramática subterrânea, que não está em conformidade com a primeira. Isso pressupõe, portanto, que se possa evidenciar essa falta de conformidade; o que por sua vez só é possível se soubermos qual é a "lógica de nossa linguagem". Pode-se mesmo suspeitar desde logo que se adotarmos um modo de expressão em conformidade com a "lógica de nossa linguagem", não correremos mais o risco de nos iludir como quando nos limitamos a confiar em nossa gramática superficial. De modo que, como vemos, o *Tractatus* não desemboca de modo algum no relativismo que mencionamos no parágrafo anterior.

É este o segundo aspecto da posição de Wittgenstein que anunciamos acima: há, em nossas linguagens, uma "lógica" subjacente que a gramática superficial mascara, mas que pode ser trazida à luz. Essa idéia, por sua vez, não é especificamente wittgensteiniana, mas provém de autores aos quais já fizemos alusão e nos quais devemos agora nos deter um pouco, antes de avançar no conteúdo do *Tractatus*. Trata-se dos dois grandes refundadores da lógica, Gottlob Frege (1848-1925) na Alemanha e Bertrand Russell (1872-1970) na Grã-Bretanha.

---

2. *Tractatus* 4. O *Tractatus* é composto de curtos parágrafos numerados. Essa numeração destina-se a indicar o lugar e a importância do parágrafo. Nossas citações serão feitas dando-se o número do parágrafo.

2. Que é a lógica?

Até o fim do século XIX, era comum admitir-se que a lógica havia brotado completamente acabada do cérebro genial de Aristóteles no século IV a.C. Os trabalhos de Frege e Russell mostraram que não era assim, e que a silogística de Aristóteles era, no máximo, um pequeno fragmento da lógica.

Quando procuramos estabelecer a verdade de uma proposição, podemos proceder de duas maneiras radicalmente distintas. A maneira mais simples e mais usual consiste em informar-se sobre a realidade do que é afirmado pela proposição. Se me dizem *o sal está sobre a mesa*, o melhor que posso fazer para determinar se essa proposição é verdadeira é ir inspecionar a superfície da mesa em questão. Mesmo se, por vezes, não posso fazer eu mesmo essa inspeção e tenha de confiar no que me diz um outro, deve-se admitir que esse outro terá tido, ele próprio, a possibilidade de constatar se de fato o sal está ou não sobre a mesa.

Há uma outra maneira de proceder, que consiste, como ordinariamente se diz, em raciocinar. Suponhamos que eu já saiba que tudo o que é vivo está destinado a morrer, e que eu descubra que os corais são seres vivos; sem precisar observar adicionalmente o que quer que seja, posso concluir que também os corais estão destinados a morrer. Posso estar seguro da verdade desta última proposição tão logo saiba que as duas premissas são verdadeiras. Essa segurança decorre do fato de que se trata de seres vivos e de corais? De modo algum, pois se eu substituir as expressões *ser vivo*, *corais* e *destinado a morrer* respectivamente pelas expressões *romance*, *livros escritos por Balzac* e *perigosos para a moral das jovens*, eu poderia igualmente concluir que os livros escritos por Balzac são perigosos para a moral das jovens.

É preciso, portanto, distinguir entre o conteúdo das proposições que entram em uma inferência e sua "forma", isto é, aquilo que obtemos ao fazer abstração de expressões como *corais, livros escritos por Balzac*, etc. Em nosso exemplo, substituamos *ser vivo* ou *romance* por *M*, *corais* ou *livros escritos por Balzac* por *S*, e, finalmente, *destinados a morrer* e *perigosos para a moral das jovens* por *P*. Obtemos assim a seguinte "forma": sabemos que *os M são P* (*os seres vivos estão destinados a morrer*); descobrimos ou sabemos igualmente que *os S são M* (*os corais são seres vivos*) e disso concluímos que *os S são P* (*os corais estão destinados a morrer*). Obteremos uma inferência válida a cada vez que substituirmos nossas letras *M*, *P* e *S* por não importa qual expressão que tenha um significado determinado, tomando cuidado para que a mesma letra seja substituída pela mesma expressão.

Pode ser que alguém venha a objetar à nossa segunda inferência que, na verdade, Balzac escreveu também livros que não são romances, e que não se pode, portanto, concluir que todos os livros escritos por Balzac são perigosos para a moral das jovens. Essa objeção, entretanto, não afetará a *validade* do próprio raciocínio, e sim a verdade de uma das duas primeiras proposições, pois a validade do raciocínio não depende de que as proposições que o compõem sejam, de fato, verdadeiras ou falsas, mas do fato de que, *se* as duas primeiras proposições (as premissas) forem verdadeiras, então necessariamente a terceira (a conclusão) também o será. Para dizer de outro modo: a inferência é válida porque não é *possível* que as duas premissas sejam verdadeiras e que, simultaneamente, a conclusão seja falsa.

Deve-se ainda fazer uma segunda distinção entre a *validade* da inferência e a *verdade* ou *falsidade* das premissas e da conclusão. Pode-se fazer inferências perfeitamente válidas a partir de premissas falsas; nesse caso, a conclusão arrisca-se a ser falsa, mas isso não afeta a "correção" do raciocínio. Este último ponto está, de resto, ligado ao que dissemos anteriormente: se é possível exibir a "forma" das inferências válidas é justamente porque não estamos preocupados com a verdade ou falsidade *de fato* das premissas, mas só com a *possibilidade* de elas serem verdadeiras. O que se afirma é que, se premissas de tal e tal *forma* forem verdadeiras, então uma conclusão de tal *forma* também será verdadeira. Como não é necessário saber se as premissas são *efetivamente* verdadeiras ou falsas, pode-se fazer abstração dos conteúdos particulares das expressões que substituímos pelas letras. Se, ao contrário, houvesse a necessidade de determinar a verdade ou falsidade das premissas, estaríamos evidentemente obrigados a levar em conta esses conteúdos particulares.

Dessa distinção resulta que a validade de uma inferência não depende em nada do que é efetivamente o caso na realidade, o que significa que o mundo poderia ser completamente diferente sem que isso afetasse em nada o que constitui a validade das inferências. A ciência da lógica, que busca estabelecer quais são as inferências válidas, deveria então ser inteiramente *a priori*, no sentido de que deveria ser elaborada independentemente da realidade tal como ela é, ou, se se quiser, que ela não deveria receber nada da experiência. Voltaremos mais à frente a este aspecto, que é um dos pontos importantes do *Tractatus*.

Devemos, entretanto, avançar um pouco mais, e vamos fazê-lo acompanhando Aristóteles, a fim de mostrar melhor, a seguir, a originalidade da reforma efetuada por Frege e Russell. No exemplo que empregamos, a validade da inferência é bastante evidente, pois formulamos as premissas de maneira a deixar bem claro de que coisa estamos falando e o que estamos dizendo dela. Assim, é de romances que se diz que são perigosos para a moral das jovens, e isso se manifesta diretamente na maneira de formular essa premissa, pois o substantivo "romance" é o sujeito gramatical da proposição na qual a expressão "perigoso para a moral das jovens" é o atributo (predicado). Além disso, a ordem das proposições reflete, por assim dizer, as funções de seus componentes: como o que dizemos se refere a romances, colocamos "romance" à frente, fixando assim a atenção do ouvinte sobre aquilo de que se fala, e só em seguida indicamos o que dizemos deles, a saber, que têm a propriedade de serem perigosos para a moral das jovens.

Mas as coisas nem sempre são tão simples. Poderíamos, por exemplo, formular essa proposição da seguinte maneira: *a moralidade das jovens é prejudicada pela leitura de romances*, ou ainda: *as jovens que lêem romances fazem sua moral correr grandes riscos*. Não é certo que, ao formularmos as coisas desse modo, a validade da inferência apareça tão facilmente, pois pode-se ter a impressão de que essas são proposições sobre a moral das jovens, ou sobre as próprias jovens, e não sobre romances.

É, também, possível que da proposição *as jovens que lêem romances fazem sua moral correr grandes riscos* se extraia uma conclusão diferente da que extraímos antes. Acrescentemos a premissa: *As jovens educadas em conventos lêem romances*. A conclusão então se torna: *As jovens educadas em conventos fazem sua moral correr grandes riscos*. Observe-se, porém, que esta última inferência tem exatamente a mesma forma da precedente, mesmo que isso não seja imediatamente visível. Para mostrá-lo, basta reescrever as premissas e a conclusão como se segue:

– *as jovens leitoras de romances estão moralmente em risco*,

– *as jovens educadas em conventos são jovens leitoras de romances*,

do que se segue que:
- *as jovens educadas em conventos estão moralmente em risco.*

Nossas letras M, P e S são, neste caso, substituídas por "jovens leitoras de romances", "moralmente em risco" e "jovens educadas em conventos", respectivamente.

Vê-se, portanto, que a maneira que temos de formular as coisas usando as possibilidades oferecidas pela gramática do português nem sempre permite reconhecer com precisão de que coisa estamos falando e o que é que dizemos dela. Disso pode resultar que façamos inferências inválidas, ou, ao contrário, que não saibamos o que se pode concluir de tal ou tal premissa. Voltando a nosso exemplo, constatamos que da proposição *as jovens que lêem romances fazem sua moral correr grandes riscos*, podemos, conforme a premissa que acrescentarmos, extrair tanto a conclusão *As jovens educadas em conventos estão moralmente em risco*, quanto esta outra: *os livros de Balzac são perigosos para a moral das jovens*. Isso significa que a mesma sentença não é "logicamente" clara, entendendo-se "logicamente" no sentido do papel que essa sentença pode desempenhar em inferências válidas.

3. *A análise lógica de Aristóteles*

Destas considerações decorre a necessidade de perguntar o que, fundamentalmente, faz uma sentença ser uma sentença declarativa (isto é, capaz de ser verdadeira ou falsa), para além das particularidades estilísticas autorizadas pela língua portuguesa. Trata-se, em outras palavras, de pôr em evidência, ou revelar, a "forma lógica" das sentenças declarativas (= proposições).

O que dissemos antes sugere uma maneira de abordar a questão, que é a adotada por Aristóteles. De fato, há pouco dizíamos que precisaríamos ser capazes de reconhecer de que coisa estamos falando e o que é que dizemos dela. Mas isso é o mesmo que considerar que, no final das contas, toda sentença declarativa deve ser composta de ao menos dois termos, um deles significando aquilo de que trata nossa sentença, e o outro significando o que dele se diz. Foi assim que Aristóteles chegou à convicção de que todas as nossas sentenças consistem em última análise em unir (ou separar) uma propriedade, designada por um predicado gramatical, e um "sujeito", designado pelo sujeito gramatical da sentença; a expressão dessa articulação sendo fornecida pelos verbos "ser" ou "estar", que desempenham o papel de cópula. Portanto, se quisermos deixar isso evidente na própria maneira de nos exprimir, devemos reescrever nossas sentenças dando-lhes a forma nuclear "S é/está P", usando as letras S para representar "sujeito" e P para representar "predicado". É isso que acabamos de fazer (parcialmente) quando reescrevemos

– *as jovens que lêem romances fazem sua moral correr grandes riscos,*
sob a forma

– *as jovens leitoras de romance* (= S) /*estão*/ *moralmente em risco* (= P).

Essa mesma sentença, entretanto, pode também ser reescrita na forma de que inicialmente partimos:

– *os romances* (= S) /*são*/ *perigosos para a moral das jovens* (= P).

Muitas vezes, quando fazemos uma inferência, as premissas que ajuntamos e a conclusão que extraímos determinam bastante claramente qual é a verdadeira forma da, ou das, premissa(s) ambígua(s), mas, se a formulação da inferência for um pouco mais complicada, isso fica mais difícil, e é então possível equivocar-se sobre a validade da inferência. É usando esse tipo de ambigüidade que os oradores hábeis tentam enganar os espíritos desprevenidos. Sabe-se que na Grécia dos séculos IV e V a.C., sobretudo em Atenas, os chamados "sofistas" propunham-se a ensinar esse gênero de astúcia aos ambiciosos, e foi basicamente para desmascarar seus falsos refinamentos que Aristóteles foi levado a elaborar sua lógica.

Assim, o trabalho do lógico, seja ele Aristóteles ou Frege, é duplo: num primeiro momento, ele deve determinar quais são as verdadeiras "formas lógicas" de nossas sentenças declarativas, e fornecer suas expressões lingüísticas. Dito de outro modo, ele deve realizar o que por vezes se chama a análise lógica do discurso declarativo. No caso aqui mencionado de Aristóteles, isso equivale à tese de que todas as sentenças declarativas são "predicativas", e que as formas gramaticais corretas têm como núcleo "S é P", podendo esse núcleo, por sua vez, assumir quatro formas distintas, de acordo com a quantidade e a qualidade do "juízo" (termo tradicional que tomamos aqui como sinônimo de "sentença declarativa"); conforme P se relacione a *todos* os S ou somente a *alguns* S (quantidade), ou conforme se *afirme* ou *negue* que P se relacione a (todos/alguns) S (qualidade). Há, portanto, as quatro formas de juízo seguintes: "todos os S são P" (universal afirmativo), "nenhum S é P" (universal negativo), "alguns S são P" (particular afirmativo) e, por fim, "alguns S não são P" (particular negativo). Tudo o que dizemos e que pode ser verdadeiro ou falso, deve poder ser transcrito em uma dessas quatro formas lógicas.

Uma vez realizado esse trabalho preliminar, sempre acompanhando o que fez Aristóteles, é agora possível exibir as formas de inferência válidas tendo por premissas e conclusões juízos que têm uma dessas quatro formas (não necessariamente a mesma). O exemplo que tomamos é da forma:

– todos os M são P
– todos os S são M, portanto,
– todos os S são P

que é o primeiro modo da primeira figura dos "silogismos" de Aristóteles, o mais célebre, ao qual os medievais davam o nome de *Barbara*. Aristóteles forneceu assim quatorze modos conclusivos de silogismo, que têm todos uma aparência similar à do primeiro, exceto que os juízos não têm a mesma quantidade nem a mesma qualidade, e que o lugar dos três termos (M, S, P) pode ser diferente nas duas premissas.

Durante mais de 22 séculos, esta análise lógica de Aristóteles e a lista dos silogismos conclusivos dada por ele não foram praticamente postas em questão. Em particular, admitia-se em maior ou menor grau que tudo deveria poder ser expresso utilizando uma das quatro formas de Aristóteles, mesmo que isso conduzisse a formulações estilisticamente muito deselegantes.

Para destacar melhor a importância filosófica da nova análise lógica introduzida por Frege e Russell, vamos ainda nos deter um pouco mais sobre certas conseqüências filosóficas da análise do velho Aristóteles.

4. *Conseqüências metafísicas*

Muitos problemas que perturbaram os filósofos resultam da seguinte observação: se se admite que a forma-núcleo de toda sentença declarativa é "Sujeito/cópula/Predicado", é porque se supõe, de forma mais ou menos consciente, que essa forma se ajusta à própria estrutura da realidade, de tal modo que essa correspondência entre forma da sentença e estrutura da realidade garante a *possibilidade* de que uma sentença seja verdadeira. Isso implica que, ao se seguir a análise de Aristóteles, admite-se que a realidade, no fundo, é composta de "coisas" que têm ou não têm propriedades. É claro que não se trata mais aí de uma observação acerca da linguagem, mas de uma tese "metafísica" acerca da estrutura do que existe, ou do que "é" em geral. Da lógica passa-se assim à *ontologia* (isto é, "ciência" do ser em geral).

Para avançar mais nas conseqüências dessa passagem da lógica à ontologia na tradição aristotélica, e os problemas que disso resultam, convém retornar ao que motiva, aparentemente, a análise lógica de Aristóteles. O modelo de sentença declarativa pelo qual se guia Aristóteles é do gênero "Sócrates é um homem", isto é, uma sentença cujo sujeito é um substantivo próprio e o predicado um substantivo "comum".

O privilégio dado a esse tipo de sentença parece decorrer da seguinte observação: um substantivo próprio (nome próprio) designa "diretamente" uma coisa do mundo, delimitada no espaço e no tempo, eventualmente dada na experiência, ou seja, de fato perceptível. Não é verdade que nossa experiência do mundo é, desde o início, a experiência de um conjunto de "coisas" distintas umas das outras dispostas no espaço e no tempo? A essas "coisas" podemos dar nomes próprios, de tal modo que, por esse meio, aquilo que vamos dizer se encontra como que diretamente ligado à realidade.

É dessas "coisas" que afirmamos (ou negamos) algo, e esse algo que dizemos delas é o que elas parecem compartilhar com outras coisas. E não é claro, de fato, que as coisas dadas na experiência se assemelham às vezes em certos aspectos? Sócrates assemelha-se a Platão, a Alcebíades, a Coriscus e a muitas outras coisas por todo um conjunto de aspectos evocados pelo termo (substantivo comum) "homem": ele é bípede e sem plumas, fala, vive em sociedade, etc. Em contrapartida, não dizemos de coisa alguma que ela seja Sócrates, exceto do próprio Sócrates, e mesmo assim isso não é nada mais do que simplesmente recapitular seu nome.

Chega-se assim facilmente à idéia de que na realidade há, em última análise, *substâncias* individuais que "têm" *propriedades* que compartilham com outras substâncias individuais. Se nossa forma-núcleo S-P é pertinente, é precisamente porque ela é como que o reflexo dessa estrutura fundamental da realidade. É isso que nos assegura que o que dizemos tem, ao menos, a *possibilidade* de ser verdadeiro.

É, entretanto, bastante claro que é aí que começam os problemas; problemas que têm estado no cerne da metafísica especulativa desde a Antigüidade. Vamos indicar nas páginas seguintes apenas alguns que nos interessam mais particularmente.

O primeiro e mais célebre recebeu na Idade Média o nome de "problema dos universais". Em que consiste ele? O modelo de sentença que parece servir de fio condutor a Aristóteles, *Sócrates é um homem*, apresenta a particularidade de que há, na posição de sujeito, um nome próprio de uma substância individual que não pode, como facilmente se vê, vir no lugar do predicado. No entanto, esse não é o tipo mais freqüente de sentença declarativa que utilizamos. Em um tratado científico, é muito mais provável que sejam encontradas sentenças como *o cavalo é um eqüino* ou *o fóton é uma partícula elementar*. Aristóteles, aliás, afirmou que a ciência só deveria comportar sentenças dessa espécie, pois, diz ele, "só há ciência do universal".

Como, então, compreender o que é o sujeito dessas predicações? Pode-se entender que o termo "cavalo" apareça na posição de predicado em sentenças do tipo *Bucéfalo é um cavalo*, e que nesse caso *cavalo* designa uma propriedade de uma substância individual. Mas o que acontece quando *cavalo* está em posição de sujeito? Se nos deixarmos levar pelo papel análogo que desempenham os termos *Bucéfalo* e *cavalo* nas duas sentenças, seremos levados a admitir que *cavalo* designa uma substância do mesmo tipo que Bucéfalo. Curiosamente, Aristóteles havia notado muito bem que, diferentemente de *cavalo*, *Bucéfalo* não podia ser predicado, ao passo que *cavalo* podia ser sujeito e predicado, mas não havia considerado que, por causa disso, deveríamos distinguir radicalmente as sentenças *Bucéfalo é um cavalo* e *o cavalo é um eqüino*. Mais ainda: a silogística só leva em conta sentenças do segundo tipo, embora sejam as sentenças com um sujeito individual que fornecem o modelo pelo qual se guiou Aristóteles. Ele foi então levado a admitir que o termo *cavalo* designava alguma coisa que era, é certo, "menos" substancial que a designada pelo termo *Bucéfalo*, mas que, não obstante, era da ordem da substância: assim, ele propôs que havia não somente substâncias primeiras (os indivíduos), mas, igualmente, substâncias segundas (as "espécies" e os "gêneros").

Com isso se embarca em problemas metafísicos insolúveis: que tipo de realidade têm essas "substâncias segundas" (também chamadas "universais")? Têm elas uma existência separada das substâncias primeiras, ou não existem senão nestas últimas? São elas realidades "inteligíveis" ou concepções do espírito, ou, ainda, simples nomes que damos às substâncias individuais?

A esse primeiro conjunto de problemas correspondem aqueles que dizem respeito às próprias substâncias primeiras. O que, de fato, são elas? Que relação mantêm com as propriedades que lhes são atribuídas? Nesta idéia de substância há como que um eco da posição do sujeito gramatical ocupada pelos nomes próprios nas predicações: assim como vários predicados podem ser referidos a um *mesmo* sujeito gramatical individual, a substância é o que "sustenta" as propriedades que lhe são atribuídas, sempre permanecendo idêntica a si mesmo.

Mas é claro que não é da mesma maneira que Bucéfalo é indomável e que o mesmo Bucéfalo é um cavalo. No primeiro caso, trata-se apenas de uma propriedade secundária que Bucéfalo poderia não ter sem deixar de ser o mesmo cavalo, e, de resto, sabe-se que Alexandre conseguiu domá-lo! Em contrapartida, parece óbvio que o fato de ser um cavalo e não um avestruz ou uma minhoca caracteriza de maneira muito mais profunda o mesmo Bucéfalo. No primeiro caso, admite-se que se trata apenas de uma propriedade *acidental*, ao passo que no segundo estamos lidando com uma propriedade *essencial*. Conclui-se, portanto, que há propriedades de uma substância individual sem as quais esta substância não seria o que é, e outras que essa mesma substância poderia possuir ou não possuir sem que isso a afete verdadeiramente. A partir disso, chegamos a distinguir a *essência* da substância (o que faz que ela seja o que é) daquilo que para ela é simplesmente *acidental*, que ela pode ser ou não ser sem deixar de ser o que é.

Mas como compreender, então, a relação que uma substância mantém com sua essência? Seria uma identidade? Isso equivaleria a compreender a cópula como exprimindo uma identidade. Que exprime então a cópula nos casos de uma predicação acidental? Como distinguir os dois sentidos da cópula?

No final das contas, este tipo de consideração leva a representar uma substância como uma espécie de bolsa, ou de caixa, na qual se encontram encerradas as propriedades que são o que ela tem de mais "íntimo", de mais "profundo", o que lhe é mais "interior"; ao passo que em sua superfície visível ela traz propriedades que lhe permanecem exteriores, que dela poderiam ser separadas sem lhe causar dano. Uma predicação essencial nos faz entrar na intimidade da substância, ao passo que uma predicação acidental apenas permanece na "superfície das coisas", como se diz às vezes. Que podem significar metáforas desse gênero, se é que significam algo, eis o que tem perturbado o espírito dos que se costuma considerar como os grandes filósofos da tradição.

Consideremos, por fim, um último núcleo de problemas. Se toda sentença declarativa consiste, em última análise, em atribuir uma propriedade, essencial ou acidental, a uma substância ou, se preferirmos, a uma coisa, como então podemos exprimir as *relações* que mantêm entre si essas mesmas substâncias? Tomemos uma das relações mais importantes, a relação de causalidade. Se digo que A é a causa de B, pretendo com isso certamente indicar uma relação que vigora entre A e B. Em termos aristotélicos habituais, eu deveria reformular essa sentença para fazer aparecer essa relação como sendo uma propriedade de A ou de B ou dos dois ao mesmo tempo. Isso levaria a formas como "A é causa-de-B" ou "B é efeito-de-A". Se o fato de que A seja causa-de-B é uma propriedade de A, é preciso levantar a questão de saber se essa é uma propriedade essencial ou acidental. Suponhamos que se trate de uma propriedade essencial, estabelecida cientificamente. Isso significaria que "em" A, no "interior" de A, há alguma coisa, uma espécie de "poder (causal)" que leva A a necessariamente fazer surgir B, ou, se se quiser, que A não seria A se B não se produzisse em seguida a A. Disso se segue que o conhecimento exaustivo da "causa" A deveria permitir saber que A tem esse poder de produzir B antes mesmo de se constatar que B foi de fato produzido.

Sabemos que foi contra essa forma de representar a causalidade que se revoltou Hume, e também toda a ciência pós-galileana. Além disso, uma tal maneira de pensar a causalidade é uma conseqüência quase imediata do privilégio atribuído à forma-núcleo S-P e sua tradução ontológica.

De forma mais geral, a impossibilidade de prover um lugar para os enunciados de relação tornou extremamente difícil a convivência do discurso filosófico e da ciência matematizada. Uma "lei", como a célebre lei de Galileu "$e = \gamma\, t^2$", escreve-se na forma de uma equação e apenas enuncia quais relações vigoram entre as diferentes grandezas que nela figuram: espaço percorrido, tempo e aceleração. Uma lei como essa não diz rigorosamente nada sobre uma realidade substancial qualquer, e não pode evidentemente ser enunciada na forma S-P. Para muitos filósofos, isso revela que a moderna ciência abandonou qualquer pretensão de apreender a "essência" das coisas e do mundo, ou de chegar ao "fundo das coisas", como se diz; e que ela se contenta em oferecer uma descrição superficial. Disso resulta um lastimável divórcio entre a filosofia e a ciência, que, como se vê, provém em boa medida do fato de que muitos filósofos permaneceram ligados, mais ou menos conscientemente, à velha análise de Aristóteles e a todas suas conseqüências ontológicas.

Eis, portanto, apresentados de forma muito sumária, três exemplos de problemas "metafísicos" com os quais se defrontou a maior parte dos filósofos desde a Antigüidade, e que estão fortemente associados à análise lógica de Aristóteles. Não nos importa aqui saber se Aristóteles privilegiou a forma-núcleo S-P em razão de sua ontologia da substância, ou se, ao contrário, essa ontologia não passa da projeção, no domínio do ser, da análise das sentenças declarativas. Basta notar a estreita correspondência entre os dois planos, o da análise lógica do discurso com pretensão de verdade e o da ontologia, para compreender que uma mudança de análise lógica só pode levar a uma desqualificação dos problemas e dos desenvolvimentos metafísicos que acompanham essa análise, como os que acabamos de lembrar.

5. "Nova" lógica e "crítica da linguagem"

Quais são, então, as mudanças introduzidas por Frege e Russell? Para compreender sua significação, é preciso explicar rapidamente o que Frege queria dizer quando declarou em seu primeiro trabalho, publicado em 1879, trabalho em que está exposto em algumas dezenas de páginas o essencial da "nova lógica": "Creio, em particular, que a substituição dos conceitos de *sujeito* e *predicado* pelos conceitos de *argumento* e *função*, respectivamente, resistirá à prova do tempo."

Tomemos a sentença seguinte que, aceitando o julgamento de Plutarco, consideraremos verdadeira para fins da discussão: *Demóstenes é tão bom orador quanto Cícero*. Na perspectiva aristotélica, essa sentença seria analisada em um sujeito (aqui o nome próprio *Demóstenes*) e um predicado *tão bom orador quanto Cícero*, ligados pela cópula, a sentença em seu todo significando que a "substância" designada pelo nome próprio tem a propriedade expressa pelo predicado. Mas poderíamos admitir igualmente bem que essa sentença está composta pelo nome *Cícero* e o predicado *tão bom orador quanto Demóstenes*, ou até mesmo por dois sujeitos, *Demóstenes* e *Cícero*, e do predicado *tão bom orador quanto*. Neste último caso estaríamos lidando com um predicado de um gênero que a lógica de Aristóteles, como vimos, não reconhece; a saber, um predicado que exprime uma relação entre dois objetos, e não uma propriedade de um objeto.

Nada na estrutura gramatical dessa sentença impõe uma dessas análises de preferência a outra. É ao contexto que precisamos nos dirigir para indicar o que significa precisamente nossa sentença. Por exemplo, em uma biografia de Cícero, compreenderíamos essa sentença como atribuindo-lhe uma propriedade (a de ser tão bom orador quanto Demóstenes), exatamente o inverso do que ocorreria se essa sentença figurasse em uma biografia de Demóstenes. Em uma obra sobre os grandes oradores da Antigüidade, na qual se procura classificar os oradores, compreenderíamos nossa sentença como significando que Demóstenes e Cícero foram, cada um deles, tão bom orador quanto o outro, etc.

Essas várias análises consistem, no fundo, em fazer sobressair diferentes predicados de um ou dois lugares. Para conseguir isso, supusemos que se poderia distinguir nessa sentença dois tipos de componentes, e isso por meio de um jogo de variação. O predicado *...é tão bom orador quanto Demóstenes* aparece ao imaginarmos que, no lugar de *Cícero*, poderíamos introduzir *Isócrates* ou *Péricles*, mantendo invariável o restante da sentença; do mesmo modo fazemos aparecer o predicado *...é tão bom orador quanto...* admitindo que se poderia substituir os dois nomes próprios, *Demóstenes* e *Cícero*, por *Fócio* e *Górgias*, ou por *Isócrates* e *Péricles*. Em cada caso supomos que há, em nossa sentença, uma parte fixa e uma ou mais partes variáveis, manifestando assim a diferença de papéis desempenhados por uma e outra.

Tratando-se de sentenças do gênero daquela que nos serve de exemplo, decorre que devemos distinguir as expressões que designam por si sós "objetos" determinados daquelas expressões que estão por assim dizer como que à espera de serem completadas por expressões do primeiro tipo. Em outras palavras, estamos tratando ou de nomes próprios como *Cícero* ou *Isócrates*, ou daquilo que Russell denominava "funções proposicionais", como *...é tão bom orador quanto...*, que poderíamos escrever melhor utilizando "variáveis": *x é tão bom orador quanto y*, com *x* e *y* podendo ser substituídos por nomes próprios. Uma "função proposicional" é, portanto, uma expressão que se torna uma sentença declarativa tão logo as variáveis sejam substituídas por nomes próprios. É claro que uma função proposicional pode ter um número tão grande quanto se queira de lugares de argumentos.

Em termos mais habituais, podemos dizer que uma função proposicional com um lugar de argumento é o equivalente do que se chama tradicionalmente uma propriedade (ou um conceito), e que uma função proposicional de dois ou mais lugares de argumentos é uma relação de dois ou mais lugares. As formas das sentenças declarativas elementares (veremos mais tarde por que "elementares") podem portanto ser grafadas *F(a)*, *G(b, b')*, *H(c, c', c'')*, nas quais aparecem as funções proposicionais *F(x)*, *G(y, y')*, *H(z, z', z'')*, de um lado, e os nomes próprios de objetos *a*, *b*, *b'*, *c*, etc., de outro.

O uso do termo "função" se justifica da seguinte maneira: em matemática, diz-se, por exemplo, que x^2 é uma função que associa a cada número o produto dele por si mesmo: se, por exemplo, pusermos no lugar de "*x*" o nome do número 4, obtém-se o nome de um outro número, no caso 16. Diz-se então que a função x^2 toma o valor 16 para o argumento 4. Da mesma maneira, a função *x é tão bom orador quanto y* toma o valor de verdade "verdadeiro" (segundo Frege) ou o valor *Demóstenes é tão bom orador quanto Cícero* (segundo Russell) para os argumentos *Demóstenes* e *Cícero*. Uma função proposicional associa, portanto, a um ou mais argumentos um valor de verdade (isto é, o verdadeiro ou o falso, segundo Frege) ou (se seguirmos Russell) uma proposição (verdadeira ou falsa).

6. *Lógica e gramática*

A partir dessas preliminares, podemos compreender o que significa dizer que a gramática superficial de nossa linguagem ordinária mascara a "verdadeira" forma lógica de nossas sentenças, e isso de um modo que vai muito além daquilo que já dissemos a propósito de Aristóteles. Comparemos as duas sentenças aparentemente semelhantes: *Cícero é um bom orador* e *os tribunos são bons oradores*. Essas duas sentenças têm a mesma forma gramatical e não diferem senão pelo fato de que o sujeito singular *Cícero* da primeira foi substituído pelo sujeito no plural *os tribunos* na segunda. Pode-se ter, assim, a impressão de que a primeira diz de Cícero a mesma coisa que a segunda diz dos tribunos em geral. Como vimos, Aristóteles e, após ele, a lógica tradicional aceitavam essa maneira de ver as coisas, apesar de isso conduzir a evidentes problemas metafísicos que listamos anteriormente.

A análise de Frege e Russell produz um resultado totalmente diferente. A primeira sentença é analisada: *Cícero / é um bom orador*; ela é portanto da forma $F(a)$. Na segunda, ao contrário, não figura nenhum nome próprio e ela não pode, assim, ser da forma "função/argumento". De que forma, então, é ela?

Pode-se inicialmente observar que *os tribunos* pode figurar na expressão da função proposicional (do conceito) *x é um tribuno*, que não designa nenhum objeto particular, mas permite obter uma proposição verdadeira ao substituirmos *x* por *Cícero*, por exemplo. Vê-se assim que *os tribunos* é logicamente da mesma natureza que *é bom orador*: trata-se de dois "conceitos", e nossa sentença não exprime, portanto, que um certo objeto tem uma certa propriedade ("cai sob um certo conceito", no jargão dos lógicos), mas sim que esses dois conceitos mantêm entre si uma certa relação. Qual? Se quisermos tornar visível o fato de que se trata de dois conceitos, poderíamos reescrever a proposição sob a forma: *aquilo que é um tribuno é um bom orador*, ou mesmo, mais exatamente, *tudo aquilo que é tribuno é bom orador*, sendo que esse "*aquilo que*" indica um objeto qualquer, um cavalo, uma estrela, um fóton, tudo que quisermos, e dizemos que se um objeto, qualquer que seja, tem a propriedade de ser um tribuno (cai sob o conceito expresso por *x é um tribuno*), então ele também tem a propriedade de ser um bom orador (cai sob o conceito expresso por *x é um bom orador*). Consideremos o conjunto dos objetos que caem sob o conceito expresso por *x é um tribuno*, e o conjunto daqueles que caem sob o conceito expresso por *x é bom orador*. Nossa proposição diz que o primeiro conjunto está "incluído" (como dizem os matemáticos) no segundo. Quando isso ocorre, dizemos que o conceito que corresponde ao primeiro conjunto está *subordinado* ao conceito que corresponde ao segundo. Podemos grafar a forma desse tipo de proposição como *qualquer que seja x, se F(x) então G(x)*.

Retornemos agora à proposição *Cícero é bom orador*. No vocabulário que acabamos de introduzir, isso quer dizer que Cícero tem a propriedade de ser um bom orador, ou, caso se prefira, que ele cai sob o conceito *x é bom orador*. Em outras palavras, isso quer dizer que Cícero *pertence* (como dizem ainda os matemáticos) ao conjunto dos objetos que caem sob o conceito *x é bom orador*.

Será possível confundir esses dois sentidos do verbo "ser", aquele pelo qual dizemos que um objeto cai sob um conceito (pertence a um conjunto) e aquele pelo qual dizemos que um conceito está subordinado a outro conceito (que um conjunto está incluído em um outro conjunto)? Certamente que não! Para convencer-se disso basta observar que a segunda relação é *transitiva*, mas não a primeira. Que a segunda relação seja transitiva quer dizer que, por exemplo, das premissas *os tribunos são bons oradores* e *os bons oradores são líderes das massas*, pode-se legitimamente concluir que *os tribunos são líderes das massas* (o que não é senão um exemplo de silogismo em *Barbara*).

Para mostrar que isso não vale no caso da primeira relação, é preciso introduzir uma nova distinção. Tomemos mais uma vez Cícero: podemos estar interessados no fato de que uma propriedade seja uma das propriedades de Cícero, o que fazemos, por exemplo, quando perguntamos se Demóstenes tem todas as propriedades de Cícero. Entre essas propriedades figura a de ser um bom orador. Podemos portanto dizer que a propriedade de ser um bom orador é uma das propriedades de Cícero ou, se quisermos, que *x é um bom orador* cai sob o conceito *X é um conceito sob o qual cai Cícero*. Este último conceito, *X é um conceito sob o qual cai Cícero*, é um conceito um pouco estranho, sob o qual não caem objetos, mas outros conceitos. Chamemos *conceitos de primeira ordem* aos conceitos sob os quais caem objetos, e *conceitos de segunda ordem* aos conceitos sob os quais caem conceitos de primeira ordem. A relação que vigora entre um conceito de primeira ordem e um conceito de segunda ordem sob o qual ele cai é análoga à relação que vigora entre um objeto e um conceito de primeira ordem.

Voltemos agora a nossa questão. Se admitirmos que Demóstenes é um bom orador e que ser um bom orador é uma propriedade de Cícero, não iremos certamente concluir que Demóstenes é uma propriedade de Cícero! A relação que os matemáticos designam por "pertencer a" não é transitiva, diferentemente da relação de "estar incluído em". Essa diferença não foi percebida por Aristóteles, que pensava que a mesma ligação era expressa pelo verbo "ser" em *Cícero é bom orador* e *os tribunos são bons oradores*.

Poderíamos distinguir ainda mais um sentido do verbo "ser". Numa proposição como *Augusto é o primeiro imperador romano*, poderíamos ter a impressão de que *o primeiro imperador romano* é uma propriedade possuída por Augusto. A presença do artigo definido deveria, entretanto, alertar-nos: *o primeiro imperador romano* não designa evidentemente uma propriedade, mas sim um homem bem particular que tem a propriedade de ser primeiro imperador romano (poderia haver outros, como ocorre no caso das corridas automobilísticas). Em outras palavras, *o primeiro imperador romano* é um nome de objeto, e nomeia o mesmo objeto que é nomeado justamente por *Augusto*. Nossa proposição tampouco diz que Augusto tem tal ou tal propriedade, mas que Augusto e o primeiro imperador romano são a mesma pessoa. Portanto, o verbo "ser" significa aqui *identidade*, e não a posse de uma propriedade.

É difícil, evidentemente, não cair nas armadilhas preparadas pela gramática de nossa linguagem ordinária; e é justamente por isso que "em grande medida o trabalho em lógica consiste em lutar contra os defeitos lógicos da linguagem", para retomar uma fórmula de Frege.[3] A isso faz eco a observação do *Tractatus*: "Toda filosofia é crítica da linguagem", pois, acrescenta Wittgenstein fazendo referência a Russell, "a forma lógica aparente de uma proposição não precisa ser sua verdadeira forma lógica".[4]

Em contrapartida, como Frege freqüentemente observa para censurá-lo, Aristóteles se deixou levar erroneamente pela gramática: a forma lógica S-P não é mais que a retomada da estrutura gramatical de base das sentenças de nossas linguagens ordinárias. Eis por que, aliás, a reformulação das proposições para colocá-las na forma S-P de Aristóteles, que indicamos antes, não nos faz abandonar a linguagem ordinária. É verdade que as proposições assim reformuladas são estilisticamente pouco elegantes, mas não deixam de ser proposições escritas em linguagem ordinária. Mas isso realmente já não ocorre com a nova análise de Frege e Russell, pois as formas que essa análise exibe de fato não têm equivalente natural na gramática de nossas linguagens.

---

3. G. Frege, *Écrits posthumes*, Nîmes, Ed. J. Chambon, 1999, p. 298.
4. *Tractatus* 4.0031.

Se é assim, deve-se então admitir a necessidade de se inventar um simbolismo artificial cuja gramática seja logicamente transparente, isto é, um simbolismo que permita apreender diretamente a forma lógica daquilo que se enuncia pela expressão simbólica utilizada. Um tal simbolismo exclui de antemão todas as confusões nas quais as linguagens naturais nos mergulham. Os exemplos que discutimos permitem compreender o que se quer dizer com isso. Uma proposição como *Cícero é um orador* pode ser transcrita sob a forma "funcional": *Orador(Cícero)*, que é uma instância da forma *F(a)*, com *F→Orador* e *a→Cícero*. Por outro lado, *os tribunos são oradores* será transcrita: *para qualquer x, se Tribuno(x) então Orador(x)*, que é uma instância da forma *para qualquer x, se G(x) então F(x)*. Fica bem visível agora que não se trata de proposições de mesma forma, e a confusão entre os papéis lógicos de *Cícero* e de *os tribunos* não é mais possível.

Vê-se então que a reforma da lógica realizada por Frege e Russell está acompanhada desta idéia, fundamental para compreender um aspecto central do *Tractatus* (mas não apenas; o mesmo vale também para uma boa parte da chamada filosofia analítica anglo-saxônica): que há "por trás" ou "no fundo" de nossas linguagens (metáforas arriscadas) uma lógica oculta que é importante exibir e que, por não encontrar sua expressão na linguagem ordinária, só pode encontrá-la em um simbolismo artificial. É claro que seria conveniente exprimirmo-nos nesse simbolismo se quiséssemos evitar as confusões a que somos conduzidos pelas linguagens ordinárias, o que envolve uma tradução, nesse simbolismo, daquilo que ordinariamente dizemos. Com isso se mostraria eventualmente que certas proposições (da metafísica, por exemplo) não são traduzíveis, que elas são logicamente defeituosas e por isso "não-significativas", no sentido das sentenças agramaticais. Essa tradução foi levada a cabo para a matemática por Frege e Russell (em associação com o matemático e filósofo Whitehead). Mas é também muito claro que esse simbolismo não é nem um pouco apropriado para fazer uma declaração de amor ou para escrever poemas que exaltem as belezas da natureza...

7. Um novo ponto de partida: a proposição

É preciso agora examinar um outro aspecto desta reforma da lógica, igualmente importante para compreender a obra de Wittgenstein. Trata-se da prioridade dada à proposição em relação a seus constituintes.

Partamos desta vez de uma sentença como *as baleias são mamíferos*. Tradicionalmente se consideraria que uma tal sentença é construída ligando-se pela cópula os dois conceitos de "baleia" e de "mamífero". Isso só é possível se tivermos já de início formado esses conceitos (provavelmente por "abstração", no exemplo escolhido), depois, se estivermos preocupados em saber se o conceito de baleia está ligado ao de peixe ou ao de mamífero. O juízo *as baleias são mamíferos* é verdadeiro desde que essa mesma relação seja encontrada na realidade. Eis como Aristóteles define a verdade ou a falsidade de um juízo:

> O verdadeiro é a afirmação da composição real do sujeito e do atributo, e a negação de sua separação real; o falso é a contradição desta afirmação e desta negação.[5]

Disso se segue que todos os tratados de lógica clássica começam pelo estudo da formação dos conceitos (ou das "idéias", no vocabulário de Descartes e da filosofia pós-cartesiana), antes de passar ao estudo dos juízos. Essa maneira de proceder está ligada à tese muito geral de que

---
5. Aristóteles, *Metafísica* E, 4, 1027b20.

a cópula tem uma função de ligação e, até mesmo, uma função de *unificação* dos dois termos do juízo. Pode-se incidentalmente observar que essa maneira de ver as coisas introduz mais uma vez um problema insolúvel: como podemos "unir" no juízo aquilo que não pode ser unido a não ser mantendo-se simultaneamente "distinto"; eis um caso entre outros do velho problema do um e do múltiplo: o juízo "torna um" o que é "múltiplo".

Vimos que o empreendimento de Frege inverte essa ordem de prioridade. Parte-se da proposição como algo que pode ser verdadeiro ou falso, e é a análise que faz aparecer o que ordinariamente se chama um conceito ou uma relação. Procedendo desse modo, como vimos, nada se pressupõe *a priori* em relação aos conceitos ou relações que entram na "formação" da proposição (do juízo). Um exemplo tomado da aritmética elementar poderá deixar isto ainda mais claro. Seja a equação $3^2 = 9$. Se considerarmos a parte invariável como $x^2 = 9$, fazemos aparecer o conceito *...é uma raiz quadrada de 9* (sob o qual caem 3 e -3). Se considerarmos como parte invariável $x^2 = y$, fazemos aparecer a relação *...é a raiz quadrada de...* Se considerarmos como parte invariável $3^x = 9$, fazemos aparecer o conceito... *é o logaritmo de 9 de base 3*, etc. Disso resulta que não se pode mais dizer algo como $3^2 = 9$ é verdadeiro porque essa fórmula diz de 3 que ele tem a propriedade de ser uma raiz quadrada de 9, pois se poderia pretender igualmente que a fórmula é verdadeira porque ela diz de 3 e de 9 que o primeiro é a raiz quadrada do segundo, etc. Da mesma maneira, a proposição *Demóstenes é tão bom orador quanto Cícero* não pode ser considerada verdadeira porque diz de Demóstenes que ele possui a propriedade de ser tão bom orador quanto Cícero, pois se poderia dizer igualmente bem que ela é verdadeira porque diz de Demóstenes e de Cícero que eles mantêm a relação de serem oradores igualmente bons, etc.

Para dizer de forma um pouco abrupta: a verdade ou falsidade de uma proposição não decorre de que ela afirme ou negue alguma coisa de alguma coisa. A única coisa que se pode dizer é que a proposição *Demóstenes é tão bom orador quanto Cícero* é verdadeira porque efetivamente Demóstenes é tão bom orador quanto Cícero, o que pode parecer decepcionante. Para dizer em termos mais russellianos, essa proposição é verdadeira em virtude de um certo "fato", a saber, precisamente o fato que exprimimos ao dizer que Demóstenes é tão bom orador quanto Cícero, mas que poderíamos igualmente exprimir dizendo que Cícero é tão bom orador quanto Demóstenes, ou dizendo que entre os oradores de igual valor, há, entre outros, Demóstenes, Cícero, etc.

Frege, por sua vez, havia concluído desse tipo de observação que "verdadeiro" é uma propriedade indefinível: "A verdade", diz ele, "é evidentemente alguma coisa tão primitiva e tão simples que não é possível reduzi-la a algo ainda mais simples." Wittgenstein, no *Tractatus*, tentará precisamente fornecer uma teoria da proposição que permita compreender o que significa, para uma proposição, ser verdadeira ou falsa.[6]

Tomar a proposição como ponto de partida tem uma outra conseqüência mais técnica, que levou Frege a apresentar e discutir teoricamente as relações lógicas que vigoram entre as proposições independentemente de sua estrutura interna. Ao considerar apenas o fato de que as proposições são ou verdadeiras ou falsas, mostra-se que elas podem ser combinadas com auxílio de pequenas palavras como "e", "ou", "nem... nem...", "se... então...", etc. de modo que a verdade ou falsidade das proposições (que chamaremos *moleculares*) assim obtidas depende

---

6. G. Frege, *Écrits posthumes*, p. 152.

apenas da verdade e da falsidade das proposições que as compõem. Por exemplo, a proposição complexa *Cícero desmantelou a conjuração de Catilina e Catilina morreu na batalha de Pistóia*, é composta de duas proposições: *Cícero desmantelou a conjuração de Catilina* e *Catilina morreu na batalha de Pistóia*. Admite-se que uma proposição molecular desse gênero só é verdadeira se as duas proposições das quais ela se constitui forem elas próprias verdadeiras. Vê-se assim que podemos *inferir* da proposição molecular cada uma das duas proposições que a compõem: se a primeira é verdadeira, cada uma das outras também o é. Há, desse modo, inferências cuja validade repousa apenas nessas pequenas palavras (chamadas habitualmente *conectivos* proposicionais). A forma de inferência mais utilizada é a seguinte (usando-se as letras gregas ϕ, ψ para denotar proposições quaisquer):

se ϕ então ψ; ora, ϕ; portanto ψ.

Aristóteles havia negligenciado profundamente esse nível da lógica, ao passo que os estóicos, ao que parece, haviam-no estudado sistematicamente. Ocorreu, entretanto, que os trabalhos destes sobre esses pontos foram negligenciados ou mesmo esquecidos, e que a lógica tradicional permaneceu essencialmente limitada à silogística, buscando incluir dentro desse quadro, e de forma muito desajeitada, um pequeno número de inferências como a que acabamos de mencionar. Teremos em breve a oportunidade de precisar um certo número de características dessa "lógica proposicional", apresentadas e exploradas filosoficamente por Wittgenstein no *Tractatus*.

No total, as linguagens artificiais que tanto Frege como Russell foram levados a elaborar podem ser sumariamente descritas como se segue.

Partimos de proposições chamadas elementares, e que podem ter como equivalente na linguagem ordinária proposições como *Paulo é gentil, Toulouse fica ao sul de Paris, Julien prefere Mathilde a Madame de Rénal, Pompidou está para De Gaulle assim como Napoleão III está para Napoleão I*, etc. Pode-se admitir que essas proposições são da forma $R^1(a)$, $R^2(a, b)$, $R^3(a, b, c)$, $R^4(a, b, c, d)$, etc. A partir dessas proposições elementares podemos construir novas proposições em duas direções.

Podemos, de início, combinar proposições elementares por meio dos conectivos proposicionais e obter assim proposições que chamamos *proposições moleculares*, por exemplo: *Se Toulouse está ao sul de Paris, **então** Paulo é gentil*, ou ainda: *Paulo é gentil **e** Julien prefere Mathilde a Madame de Rénal*, etc. Essas proposições são da forma *se p então q* e *p e q*, usando-se as letras *p* e *q* no lugar de proposições elementares.

Podemos igualmente obter, a partir de proposições elementares, proposições *gerais* como: *qualquer que seja x, Julien prefere x a Madame de Rénal*, ou: *existe ao menos um x tal que Julien prefere Mathilde a x*, ou ainda: *qualquer que seja x, existe ao menos um y tal que x está para y como Napoleão III está para Napoleão I*, etc. Uma proposição geral pode ser obtida a partir de uma proposição elementar quando um ou mais nomes próprios que figuram na proposição elementar são substituídos por uma ou mais variáveis, e o todo é prefixado pelas expressões (os "quantificadores") "qualquer que seja *x* (ou *y*, ou *z*, etc.)" ou "existe ao menos um *x* (ou *y*, ou *z*, etc.)". Cada variável deve, assim, ser "quantificada".

Enfim, podemos combinar esses dois procedimentos e obter proposições como: *qualquer que seja x, se x é gentil e x prefere Mathilde a Madame de Rénal, então existe ao menos um y tal que y fica ao sul de Paris*, ou: *qualquer que seja x, se x é gentil então x é estimável*, ou ainda: *existe ao menos um x tal que x é gentil e qualquer que seja y, y prefere Mathilde a Madame de Rénal*, etc. Podemos assim construir proposições tão complexas quanto quisermos, com a única restrição de que devem ter comprimento finito.

Lembremos que é no quadro de uma tal concepção de uma linguagem "bem construída" que se insere o *Tractatus*, apesar das severas críticas que ele opõe a essa proposta.

Recapitulemos, então, as aquisições da "nova lógica":

– As formas lógicas das proposições (ou dos juízos) são as formas que as proposições compartilham enquanto capazes de serem verdadeiras ou falsas, independentemente de todos os floreios permitidos pela gramática. Isto já era mais ou menos implicitamente admitido na velha lógica.

– A forma S-P de Aristóteles é apenas uma forma gramatical superficial e logicamente não pertinente; uma boa parte da "metafísica" tradicional depende do privilégio indevido que se atribuiu a essa forma. A eliminação dos falsos problemas da metafísica passa, portanto, pela explicitação da verdadeira forma lógica das proposições.

– Essas formas não têm equivalente imediato na gramática das línguas ordinárias que, ao contrário, as mascara. É preciso, portanto, elaborar um simbolismo artificial logicamente "em ordem" e, eventualmente, traduzir nesse simbolismo o que ordinariamente dizemos e que é logicamente opaco.

– A proposição, enquanto capaz de ser verdadeira ou falsa, é o ponto de partida de nossas investigações; as proposições moleculares têm formas lógicas e há uma lógica proposicional mais primitiva que a lógica dos "predicados".

A aparência um pouco dogmática da exposição precedente não deve iludir. As novidades introduzidas pelos pais fundadores da nova lógica levam-nos sem dúvida a abandonar uma boa parte dos problemas filosóficos tradicionais, ligados à análise de Aristóteles, mas não deixam de suscitar outros. O mais importante deles, sem dúvida, diz respeito ao estatuto da forma lógica e, portanto, da própria lógica, na medida em que esta se pretende a ciência dessas formas e das inferências válidas que nelas se fundamentam. A questão central é: pode-se tomar essas formas como objeto de discurso, dado que elas são condições de todo discurso com pretensão à verdade? O *Tractatus* está em boa parte dedicado a responder a essa questão. E a resposta de Wittgenstein é clara: não se pode nem se deve tentar fazê-lo.

Essa resposta desqualifica uma boa parte do discurso filosófico, pois este último, sem mesmo se dar conta, toma freqüentemente por objeto aquilo que decorre da forma lógica do que dizemos. Esta última conclusão vai bem mais longe do que dizíamos em relação aos problemas metafísicos tradicionais, pois, apesar de se situar na continuidade do trabalho pioneiro de Frege e Russell, ela desqualifica igualmente uma parte desses próprios trabalhos.

3
O *Tractatus*: a teoria pictórica da proposição

1. O que é uma figura?

Em seus *Cadernos*, no dia 22 de janeiro de 1915, Wittgenstein escreveu:

> Toda minha tarefa consiste em explicar a natureza da proposição.

Eis a explicação oferecida pelo *Tractatus*:

> Uma proposição é uma figura (*Bild*) da realidade.[1]

Esta tese, que está no centro da obra de Wittgenstein, tem sua origem, ao que parece, em uma anedota muitas vezes relatada. Em setembro de 1914, na época em que navegava pelo Vístula, Wittgenstein teria encontrado uma revista na qual se narrava um processo judicial em Paris referente a um acidente automobilístico. Na audiência, para descrever e explicar o que havia ocorrido, o acidente foi reconstituído com bonecos e veículos em miniatura. Cada fase do acidente foi assim representada, num certo número de modelos ou figuras.

---

1. *Tractatus*, 4.01.

A questão, então, é: que faz que se possa *representar* desse modo um fato por meio de algo que de início aparece como um outro fato? O fato que se deseja representar contém objetos, no caso, os veículos e as pessoas; o fato que representa esse primeiro fato contém, por sua vez, substitutos desses veículos e pessoas, sob a forma muito simples de miniaturas de automóveis e pequenos bonecos, de tal modo que a cada elemento do fato a representar corresponde um elemento do fato que o representa. Ora, esses elementos estavam dispostos, no fato original, de uma certa maneira no espaço, de modo que, de uma certa perspectiva, tal elemento está à direita de tal outro, ou atrás, ou à frente, etc., e a tal e tal distância. Da mesma maneira, no fato-figura, os automóveis em miniatura e os bonecos devem estar dispostos de maneira que, da mesma perspectiva, elas estejam nas mesmas posições respectivas, e a distâncias correspondentes. Enfim, de maneira muito geral, os elementos que participam do fato original estão dispostos no espaço da mesma maneira que os elementos do fato-figura; dizemos que uns e outros estão em um espaço de tipo euclidiano. Isso significa, por exemplo, que as distâncias em um e outro fato podem ser diferentes sem que as formas (geométricas) sejam afetadas.

Temos, portanto, três níveis:

– o nível dos "objetos" que compõem o fato a representar, aos quais correspondem seus equivalentes miniaturizados no fato-figura;

– o nível da "estrutura", que consiste em uma certa disposição (espacial) de objetos relativamente uns aos outros e que é indiferente aos objetos enquanto tais, no sentido de que outros objetos poderiam ser substituídos em lugar dos primeiros sem que a estrutura seja modificada; se o fato-figura é exato, nele se encontra a mesma estrutura que no fato representado; caso contrário, deve-se admitir que ele não é exato;

– o nível da "forma" que aqui é espacial e comum aos dois fatos, sem o que não se poderia sequer dizer que o fato-figura é exato ou não; ele não seria na realidade nem mesmo uma figura de um fato espacial. A forma espacial é assim a *possibilidade* da estrutura particular, ou das estruturas particulares, do fato original e do fato-figura.

Poderíamos apresentar outros exemplos, o da notação musical ou das curvas que representam um movimento no espaço e no tempo, etc. Encontraríamos em cada caso esses três níveis, mesmo que fosse preciso fazer intervir, adicionalmente, convenções indicando quais são as regras de correspondência. Notemos além disso que, no caso do acidente em Paris, seria possível não utilizar veículos em miniatura nem bonecos que, por sua semelhança com os originais, podem parecer corresponder-lhes naturalmente; poder-se-ia ter utilizado, igualmente, pequenos cubos e pequenos paralelepípedos com a convenção de que os primeiros representam os veículos e os segundos, as pessoas. No caso de um fato temporal (por exemplo, a evolução de um dado econômico durante um certo período de tempo), uma convenção estabeleceria a figuração espacial da sucessão no tempo, e isso diria respeito, assim, não só à representação dos "objetos", mas também aos aspectos estruturais e mesmo formais da figura.

Os três níveis que acabamos de distinguir – objeto, estrutura e forma – exigem, cada um deles, maiores explicações. Começaremos pelo nível intermediário, o da estrutura.

Retomemos o exemplo do acidente. O advogado que teve a idéia de utilizar os pequenos automóveis e bonecos para "dizer" o que havia ocorrido, levou-os sem dúvida em uma bolsa. Ao entrar na sala de audiências, ele esvaziou sua bolsa sobre uma mesa e os pequenos objetos formaram uma pilha informe. Essa pilha ainda não "diz" nada, ela não tem sentido. Um pouco mais tarde, nosso advogado, desejando precisar como as coisas se passaram, arranjou seus objetos sobre a mesa; com esse arranjo, o juiz compreende então alguma coisa, isto é, precisamente como os protagonistas do acidente e os automóveis estavam dispostos "na realidade" *se* o "modelo reduzido" apresentado pelo advogado for exato.

É claro que o advogado pode tentar enganar as pessoas arranjando seus pequenos objetos de maneira inexata; isso significaria que as pessoas e os veículos envolvidos no acidente não estavam, na realidade, dispostos daquela maneira. No entanto, elas *poderiam* estar dispostas dessa maneira, e é justamente isso que torna possível a torpe manobra do advogado! Em outros termos, o juiz "compreende" o que quer dizer o modelo reduzido do acidente que o advogado lhe apresenta, mesmo que, na realidade, os fatos sejam outros. Isso significa simplesmente que o juiz sabe o que teria sido o caso se a figura tivesse sido exata – o fato de que os pequenos objetos estejam arranjados de tal e tal maneira mostra o que *poderia* ter sido o caso. Assim, é justamente a estrutura do modelo reduzido que lhe permite representar um fato possível, isto é, um estado de coisas. Enquanto os pequenos objetos estavam empilhados, nada estava sendo ainda representado, mesmo se cada um dos pequenos veículos e bonecos parecesse poder desempenhar o papel de substituto daquilo a que se assemelha, em virtude, precisamente, de sua semelhança com os objetos reais. Esse papel só pode ser desempenhado quando são arranjados de uma determinada maneira.

Esta estrutura, graças à qual um estado de coisas é representado, pode muito bem, como vimos, não ser a do estado de coisas real (do fato), e o advogado da parte contrária se esforçará, sem dúvida, para convencer o juiz dispondo os pequenos objetos de uma outra maneira. Todos os tipos de arranjos diversos dos mesmos bonecos são possíveis, e serão sempre arranjos que poderiam ter sido realizados enquanto arranjos de objetos *no espaço*. Esse conjunto de possibilidades não está limitado senão pelo fato de que se trata de arranjos *espaciais* de objetos eles próprios espaciais, de modo que, por exemplo, é impossível que dois objetos se encontrem simultaneamente em um mesmo ponto do espaço, tanto nos estados de coisas representados como nas figuras que dele podemos fazer.

Em suma, que os elementos da figura estejam dispostos de tal e tal maneira *mostra* como os próprios objetos que correspondem aos elementos da figura estão ou poderiam estar dispostos. Podemos assim dizer que a figura tem um *sentido* pelo fato de que tem uma certa estrutura, e isso é independente da existência ou inexistência do estado de coisas que ela representa. Apreendemos o sentido de uma figura quando sabemos o que é o caso se a figura for exata, ou, para dizer de modo mais grosseiro, se a figura for *verdadeira*.

A isso se deve evidentemente acrescentar, de um lado, que a mencionada estrutura é uma maneira particular de relacionar *elementos* que se supõe estarem no lugar de objetos na realidade, e, de outro lado, que essa estrutura é apenas uma dentre as muitas que a figura pode ter, estando o conjunto de estruturas possíveis determinado e limitado por uma certa *forma*, no caso, a forma espacial.

Examinemos agora esses dois outros aspectos, começando pelos elementos da figura. Em geral um acidente automobilístico é acompanhado por toda sorte de ruídos e, infelizmente, de todo tipo de dores sentidas pelas vítimas. Vamos admitir, mesmo que pareça contrário ao uso comum, que um ruído ou uma dor possam ser denominados objetos (sonoro ou psíquico). Poderiam esses novos objetos entrar no fato-figura *espacial* que nosso advogado montou diante do juiz? É evidente que não. Por certo nosso advogado poderia ter levado consigo um gravador (pouco usado em 1914...) e reproduzido também os ruídos do acidente, mas isso não teria feito parte da figura enquanto arranjo de objetos *no espaço*. Enquanto fato espacial representando um outro fato espacial, a figura não contém nenhum elemento que esteja em lugar de um ruído ou de uma dor, não porque o advogado tivesse se esquecido de alguma coisa, mas porque no espaço só há objetos espaciais, e não ruídos ou dores. Isso pode parecer um truísmo, mas merece, contudo, ser examinado.

Pode-se facilmente admitir que, em lugar dos pequenos automóveis, houvesse pequenos cubos, ou casas em miniatura, ou mesmo xícaras de chá. Se for estipulado, por exemplo, que uma xícara de chá está no lugar de um automóvel, a figura continuará representando um acidente possível. Por outro lado, como vimos, não é possível pôr um pequeno automóvel no lugar de um ruído. O mesmo gênero de observação valeria para os objetos capazes de tomar parte no fato do acidente enquanto fato espacial. Reciprocamente, só objetos de um certo gênero, por exemplo, objetos "espaciais", podem entrar em estados de coisas que são eles próprios espaciais. Disso se segue que certos objetos (no sentido muito geral que damos de agora em diante a esse termo) compartilham características comuns que se manifestam quando consideramos os estados de coisas nos quais podem figurar. Pode-se denominar essas características comuns a *forma* dos objetos, forma que determina em que gênero de estados de coisas eles podem tomar parte e que, em contrapartida, determina a forma dos estados de coisas nos quais tomam parte. Um objeto "temporal" só pode tomar parte em estados de coisas "temporais", um objeto "psíquico" só pode tomar parte em estados de coisas "psíquicos", etc. Por exemplo, um objeto psíquico pode ser mais vivo, mas não mais baixo, que um outro (uma dor é mais viva que uma outra dor); um objeto espacial pode ser mais baixo, mas não mais vivo, que um outro, etc.

Os objetos têm, portanto, uma forma; eis uma importante conclusão da qual extrairemos conseqüências mais à frente. No momento, consideremos nossos objetos sob um outro ângulo.

Dissemos que os pequenos automóveis de nosso exemplo estão no lugar dos automóveis "reais" do acidente. Admitimos até agora que havia uma correspondência um-a-um, ou biunívoca, entre os pequenos automóveis e os automóveis reais. Suponhamos agora que isso não seja o caso, e que um de nossos pequenos automóveis não corresponda a nenhum automóvel real. Nossa figura se tornaria, admitimos, inexata ou falsa, mas continuaria sendo uma figura de um estado de coisas possível no qual haveria um automóvel a mais do que no estado de coisas real (o fato). O estranho é que nosso pequeno automóvel excedente não está em lugar de nada, enquanto a figura, como dissemos, continua tendo um sentido.

Havíamos anteriormente admitido que uma figura poderia ser inexata quando os elementos da figura estão nela combinados de maneira diferente da maneira pela qual estão combinados, na realidade, os objetos que esses elementos substituem. Como já vimos, só podemos dizer que a figura é inexata (é falsa) porque podemos *compará-la* com a realidade. É a possibilidade de comparação que constitui o sentido de uma figura: sabendo qual é o estado de coisas que deve existir *se* a figura for verdadeira, podemos compará-lo com o estado de coisas efetivamente existente (o fato).

Examinemos mais detidamente esta idéia da comparação da figura com a realidade. Para começar, só podemos comparar a figura com um fato cuja estrutura seja do mesmo gênero que a da figura, isto é, cuja estrutura é tornada possível pela mesma forma. Por exemplo, só podemos comparar uma figura espacial com um fato espacial. É por isso que, para que a comparação seja possível, o fato real e a figura devem ao menos compartilhar alguma coisa: uma mesma forma. Na falta dessa forma em comum, nenhuma comparação é possível.

Isto, entretanto, não basta. A figura combina de uma maneira determinada elementos que estão no lugar de objetos, e são *esses* objetos determinados que estão, ou não estão, combinados na realidade da mesma maneira que os elementos da figura. Comparar a figura com a realidade significa, portanto, assegurar-se de que *esses* objetos, e não outros, estão ou não estão combinados do mesmo modo que seus substitutos na figura. Que acontece, então, quando nada na realidade corresponde a um elemento da figura? Pareceria, nesse caso, que é a própria possibilidade de comparação com a realidade que se torna impossível! Deveríamos então concluir que a figura simplesmente não tem mais *sentido*, o que pode muito bem parecer excessivo.

Essa dificuldade lembra um antigo problema: o dos nomes que nada nomeiam. Se dizemos *Penélope foi fiel a Ulisses*, supomos que os dois nomes próprios que figuram nessa proposição nomeiam efetivamente entidades, sem o que nem sequer seriam nomes. Um nome só é nome porque nomeia algo; esse truísmo leva, entretanto, a dificuldades consideráveis em casos como estes, pois nossos dois nomes, de fato, não nomeiam nada. Mas nós compreendemos a proposição e talvez até mesmo estejamos prontos a dizer que ela é verdadeira. Para enfrentar esse tipo de dificuldade, alguns autores[2] propuseram admitir que *Penélope* ou *Ulisses* não nomeiam, na verdade, nada real, mas não deixam de nomear certas entidades "não-reais", de um gênero certamente misterioso.

---

2. O filósofo Alexius Meinong, por exemplo.

Russell, cujas concepções sobre este ponto foram aceitas por Wittgenstein, pensou ter resolvido esse problema com a idéia de que de fato *Penélope* não é um nome, mas uma descrição disfarçada, como, por exemplo: *aquela que resistiu aos pretendentes*. Nesse caso, devemos analisar o aparente nome próprio e fazê-lo desaparecer, de modo que nossa proposição se torna: *existe uma e uma única entidade que resistiu aos pretendentes e que foi fiel a Ulisses*. Caso se descubra que de fato não existe nenhuma entidade que corresponda a essa descrição, ou que existe mais de uma, então a proposição é simplesmente falsa, mas não é desprovida de sentido. Não há nenhuma necessidade de supor que *Penélope* nomeie uma entidade de tipo fantasmagórico.

Isso supõe alguma coisa da qual nos aproveitaremos, a saber, que aquilo que é aparentemente nomeado por *Penélope* deve ser *descritível*. Isso só é possível se se tratar de uma entidade *complexa*, pois uma descrição faz intervir vários elementos dos quais se supõe que a entidade descrita é composta. Uma coisa absolutamente simples não pode ser descrita; pode-se apenas nomeá-la. Tomemos o caso de um ponto no espaço. Se dispomos de um sistema de coordenadas, podemos "nomeá-lo", dando o valor de suas três coordenadas, mas não podemos descrevê-lo, pois ele não é constituído de nada mais simples (em contrapartida, podemos indicar as relações que ele mantém com outros pontos).

No caso de um automóvel, estamos evidentemente lidando com um complexo que podemos, portanto, "descrever" como sendo constituído de tais e tais elementos mais simples. Os pequenos automóveis em miniatura do tribunal de Paris, por mais estranho que pareça, são de fato descrições disfarçadas, no sentido de que só tomam o lugar "em grandes linhas" de um automóvel real, deixando indeterminados muitos elementos constitutivos dos automóveis. Por essa razão, os pequenos automóveis são apenas parcos substitutos dos automóveis reais. Se quiséssemos esclarecer completamente o que nossos pequenos automóveis representam, deveríamos *analisar* em elementos, ou objetos, *simples* o complexo formado pelo automóvel real, e apresentar uma figura dele, na qual cada um dos objetos simples reais teria seu correspondente. "Idealmente", nossos pequenos automóveis em miniatura deveriam ser combinações de elementos simples, de modo que cada um desses elementos tome o lugar de um objeto simples componente do automóvel real. A combinação dos correspondentes elementos simples poderia não estar realizada, mas, para nos assegurarmos disso, isto é, para efetuar a comparação do pequeno automóvel "ideal" com a realidade, é *necessário* que esses próprios elementos simples existam. Examinemos melhor este ponto crucial.

Suponhamos que não estamos seguros de que aquilo cujo lugar é tomado por um elemento simples da figura, digamos ε, exista na realidade. Nesse caso, só poderíamos realizar a comparação do pequeno automóvel inteiramente analisado *após* ter verificado que aquilo em cujo lugar ε está existe realmente. Deveríamos então estar em condição de comparar ε com a realidade, mas para fazê-lo deveríamos saber *de antemão* o que devemos buscar. Isso, por sua vez, só seria possível se ε fosse uma imagem, uma figura, de um elemento. Ora, para ser uma imagem, como vimos, é preciso que ε seja estruturado e seja composto de substitutos de objetos; mas nesse caso ε não mais seria simples.

Isso conduz à seguinte observação: só se pode colocar a questão da existência a propósito do que representa uma figura de modo que uma comparação com a realidade seja possível, mas não a propósito daquilo cujo lugar é tomado por um elemento simples de uma figura. Reciprocamente, sempre que estivermos lidando com a representação de alguma coisa, só se pode tratar de um complexo, e sua existência pode ser posta em questão.

Suponhamos agora que não haja objetos simples cujo lugar possa ser tomado por elementos simples de uma figura. Em uma figura inteiramente analisada, os elementos últimos não seriam mais simples; enquanto complexos, eles representam "objetos" que poderiam não existir. Só poderíamos compreender a figura, isto é, saber o que é o caso se ela é "verdadeira", se tivéssemos antes respondido afirmativamente à questão da existência dos objetos cujo lugar se supõe tomado pelos elementos últimos, mas ainda complexos, da figura. Por hipótese, esses elementos últimos complexos não são eles próprios compostos de elementos últimos simples; assim, a mesma questão se recoloca para eles. Somos então levados a uma regressão ao infinito, e, portanto, não podemos jamais saber se a figura de que partimos representa um estado de coisas possível, ou, em outras palavras, se ela tem um *sentido*. No final das contas, isso equivale a não estar jamais seguro de que um fato-figura é efetiamente uma figura, o que é absurdo.

Do que precede, pode-se tirar uma conclusão extremamente forte: se admitirmos que um fato pode ser compreendido por nós como uma figura de um estado de coisas (como tendo um sentido), então *devemos* admitir que há, em última análise, *objetos simples* não-analisáveis cuja existência não pode ser posta em questão, e que deveriam poder ser diretamente designados por substitutos eles próprios simples.

Chega-se então à idéia de que a "figuratividade" de um fato-figura, como o do tribunal parisiense, repousa em *última instância* sobre a possibilidade de se fornecer uma análise completa dele que revele os elementos simples últimos que designam diretamente os objetos simples últimos que constituem o fato. Ao final da análise, a figura à qual se chega é uma combinação determinada de elementos simples que estão no lugar de objetos simples existentes, combinação que pode ou não estar realizada. Chamemos figura *elementar* a uma tal figura. Uma figura elementar é *diretamente* comparável à realidade, e sua "verdade" ou sua "falsidade" *só* dependem da existência ou não-existência do estado de coisas elementar que ela representa, e não depende em nada da existência ou não-existência de um outro estado de coisas representado por uma outra figura elementar. Em outras palavras, a "verdade" ou "falsidade" de uma figura elementar não depende da "verdade" ou "falsidade" de uma outra figura elementar.

Se recordarmos a conclusão à qual chegamos anteriormente (p. 89), podemos acrescentar que um objeto simples tem uma forma que é sua possibilidade de ocorrência em certos estados de coisas determinados, mas não em todos. Os objetos simples, por mais estranho que isso pareça, são ao mesmo tempo forma e conteúdo; eles são, diz Wittgenstein, a substância inalterável do mundo (e, podemos acrescentar, de qualquer mundo que possamos "imaginar").

Podemos agora dirigir a atenção para o último "nível" que identificamos em uma figura, e vamos fazê-lo em relação às figuras elementares, que são as únicas figuras "genuínas". Esse último nível é o da forma, comum à figura e ao estado de coisas que ela representa; forma da qual já dissemos que é a possibilidade de estrutura, isto é, da maneira particular pela qual se combinam os objetos (simples) e os elementos (simples) que tomam seu lugar na figura. Do que acabamos de ver em relação aos objetos simples, segue-se que a estrutura de uma figura é como o molde complementar da forma dos objetos. Os mesmos objetos, como se viu, poderiam ser combinados diferentemente (isto depende, portanto, de sua forma). Do mesmo modo, na figura, os elementos simples que estão no lugar dos objetos poderiam ser combinados diferentemente. Os objetos e os nomes simples que lhes correspondem determinam um conjunto de estados de coisas, cada qual dotado de uma particular estrutura. Essas estruturas têm em comum o fato de serem estruturas possíveis nas quais podem se combinar objetos/nomes simples. Digamos que essas estruturas têm em comum uma certa *forma*, que nada mais é que o fato de que se trata de estruturas possíveis nas quais podem se combinar os objetos/nomes em questão. Se podemos comparar a figura com a realidade, é exatamente porque a estrutura do estado de coisas representado, assim como a estrutura do estado de coisas efetivamente realizado, são ambas estruturas possíveis para os objetos simples. Em outras palavras, essas duas estruturas são tornadas possíveis pela mesma *forma*; é isso que torna a comparação possível e permite à figura representar um estado de coisas.

Arrisquemos uma comparação: suponhamos que estivéssemos lidando com uma imagem colorida representando uma cena com personagens. Recortemos todos os "objetos" que figuram na imagem colorida; podemos agora dispô-los como quisermos sobre uma superfície plana (evitando recobrir uns com os outros, pois supomos, para efeito do exemplo, que estamos em um espaço de duas dimensões) e obter assim tantas novas imagens quantas quisermos. A cada vez, os mesmos objetos entram em novas combinações, em novas estruturas. Somos sem dúvida livres para produzir muitas imagens diferentes, mas não podemos fazer que um mesmo personagem esteja simultaneamente à direita e à esquerda de um outro, ou que um mesmo personagem esteja simultaneamente em dois lugares diferentes. Esse tipo de impossibilidade é característico do fato de que em geral todas essas imagens são "espaciais". Essas são as mesmas restrições que pesam sobre uma cena real, e é isso que torna possível a comparação entre uma imagem e a realidade.

O *espaço*, em nosso exemplo, é a forma comum à figura e ao fato que se supõe que ela representa, mesmo que o fato em questão seja diferente daquele que a figura representa. Digamos que, para *poder* representar um fato qualquer, uma figura deve ao menos ter em comum com ele sua forma "pictórica", ou sua "forma de representação", como diz igualmente Wittgenstein.

Disso resulta a notável conclusão de que uma figura não pode representar sua forma de representação, isto é, como acabamos de ver, aquilo que ela deve compartilhar com a realidade para estar em condições de representar esta última. Uma figura espacial *mostra* que é espacial, mas não pode representar o espaço em si mesmo porque, enquanto figura espacial, ela pressupõe o espaço. Em outras palavras, *o que torna possível que uma figura represente um fato não pode ser representado pela figura.*

Podemos ir até mais longe, em função da estreita conexão entre forma de representação e forma dos objetos: que um objeto tenha tal ou tal forma, ou, em outras palavras, que possa se inserir em tal ou tal tipo de estado de coisas, tampouco é algo que pode ser representado. Mais uma vez, isso é algo que só pode se mostrar por si mesmo na própria figura. Compreenderemos melhor a importância destas últimas observações assim que aplicarmos à proposição estas longas considerações referentes ao que permite que um fato seja uma figura.

Mas, antes de passar a isso, vamos resumir as conclusões de tudo o que precede.

1.1. O mundo

O mundo é constituído de *fatos*. Um fato é um estado de coisas existente. O mundo poderia ser diferente do que é presentemente, na medida em que outros estados de coisas poderiam estar realizados. Os estados de coisas (elementares) são independentes uns dos outros, isto é, a existência ou não-existência de um estado de coisas não depende da existência ou da não-existência de um outro estado de coisas. Os estados de coisas são constituídos, por sua vez, de *objetos simples* que têm uma forma e um conteúdo; para formar um estado de coisas esses objetos simples são combinados de uma determinada maneira. Um estado de coisas, portanto, tem uma *estrutura*. Os mesmos objetos simples podem se combinar de maneiras diversas formando assim estados de coisas de diferentes estruturas. A forma dos objetos determina o tipo de estruturas em que podem figurar, isto é, a *forma* dos estados de coisas correspondentes. Um estado de coisas tem, portanto, uma das estruturas possibilitadas por sua forma.

1.2. Os fatos-figuras

Podemos construir figuras dos fatos. Uma figura é, ela própria, um fato. Em uma figura inteiramente analisada, elementos simples correspondentes a objetos simples combinam-se de maneira determinada. Uma figura é, portanto, articulada. Uma figura representa, para os objetos em cujo lugar estão os elementos simples, uma maneira particular de se combinar; isto é, uma figura representa um estado de coisas. Na medida em que representa um estado de coisas, uma figura pode ser comparada à realidade. Uma figura mostra como os objetos simples estão combinados se ela for verdadeira; uma figura representa um estado de coisas possível, quer esse estado de coisas exista ou não.

Uma figura pode ser comparada à realidade, de um lado porque os elementos simples de que ela é constituída estão no lugar de objetos simples cuja existência não pode ser posta em questão, e, de outro, porque sua estrutura poderia ser a de um estado de coisas realizado, constituído dos mesmos objetos simples. Para que a comparação seja possível, o fato com o qual uma figura é comparada deve ter uma estrutura do mesmo gênero que a da figura; em outras palavras, o fato e a figura devem ter em comum uma mesma *forma*. Uma forma torna possível diversas estruturas. A existência de objetos simples diretamente nomeáveis e a comunidade de forma com um fato constituem as duas condições que permitem que uma figura seja comparável à realidade. Uma figura "diz" que o estado de coisas que ela representa (seu "sentido") está realizado no mundo; ela é falsa se não for esse o caso. A verdade ou a falsidade de uma figura depende apenas da existência ou da não-existência do estado de coisas que ela representa, e não da verdade ou falsidade de uma outra figura.

Uma figura não pode representar a forma que ela compartilha com o que ela representa; ela só pode *mostrar* essa forma.

2. *Uma proposição é uma figura lógica*

Voltemos agora à questão da proposição.

Para isso, basta generalizar. Uma figura espacial pode representar um estado de coisas espacial, uma figura colorida pode representar um estado de coisas colorido, etc., mas, mediante convenções *ad hoc*, uma figura no espaço pode também representar um estado de coisas temporal, ou uma figura colorida representar um estado de coisas musical, por exemplo. Continua sendo necessário, nesses casos, que a figura e o estado de coisas tenham ainda alguma coisa em comum, para além das formas espaciais, coloridas, etc. Essa "alguma coisa" em comum nada mais é que a *forma lógica*, que é a forma da realidade. Toda figura, qualquer que seja sua forma particular, deve ter em comum com a realidade ao menos essa forma lógica. Toda figura é portanto, simultaneamente, uma *figura lógica*.

Uma proposição elementar é uma figura lógica elementar da realidade.

Resta formular, a propósito da proposição (elementar, como no que segue) aquilo que já estabelecemos em geral para o caso da figura. Uma proposição é um fato no qual os elementos, os nomes (simples), estão arranjados de uma maneira determinada. A cada nome corresponde um "objeto" constituinte do estado de coisas. O fato de que os nomes estejam arranjados da maneira em que estão mostra como os objetos que correspondem aos nomes estão arranjados em um estado de coisas – isso constitui o *sentido* da proposição. Uma proposição, portanto, mostra seu sentido. O sentido de uma proposição pode ser apreendido antes de se averiguar sua verdade; que uma proposição tenha sentido é independente do que seja efetivamente o caso. O arranjo dos nomes na proposição, sua estrutura, corresponde, ou não corresponde, ao dos objetos no estado de coisas realmente existente; no primeiro caso, a proposição é verdadeira, no segundo, é falsa. A verdade ou a falsidade de uma proposição elementar não depende senão da existência ou da não-existência do estado de coisas que ela representa, jamais da verdade ou falsidade de uma outra proposição elementar. As proposições elementares são *independentes* umas das outras.

Por fim, a forma comum ao estado de coisas e à proposição é a forma lógica, isto é, a forma da realidade.

Os nomes não têm sentido, eles têm uma referência. À forma dos objetos corresponde o fato de que os nomes que estão em seu lugar podem figurar em tais ou tais proposições, mas não em todas. As proposições só têm sentido na medida em que sejam "logicamente articuladas" e que representem, portanto, um estado de coisas possível, o qual este está realizado efetivamente ou não está, não havendo uma terceira possibilidade.

Pode-se dizer isso de uma maneira um pouco diferente: uma proposição mostra o que é o caso se ela for verdadeira, o que significa, portanto, que ela mostra suas *condições de verdade*. E isso equivale a dizer que as condições de verdade de uma proposição constituem seu sentido. Reciprocamente, uma proposição que não tivesse condições de verdade não teria sentido; na verdade, essa não seria uma proposição, apesar das aparências. É isso que se denomina habitualmente a teoria vericondicional do sentido: compreender uma proposição é saber o que é o caso se ela for verdadeira.

Uma proposição *diz* que o que ela mostra (isto é, o estado de coisas que ela representa) está realizado (ela é, portanto, falsa se isso não é o caso). Ela não pode *dizer* que tem sentido, isto é, que compartilha com a realidade uma forma comum e que os nomes simples dos quais ela é constituída estão em lugar de objetos simples que têm uma certa forma. Isso, ela só pode *mostrar*; daí a célebre fórmula: "o que *pode* ser mostrado *não pode* ser dito."[3] Disso resulta que um discurso tratando da forma lógica da proposição, ou dos objetos simples, é impossível.

Tudo isso pode parecer excessivamente metafórico: que uma figura, no sentido ordinário, tenha as características que examinamos extensamente pode conseguir uma adesão,

---

3. *Tractatus* 4.1212.

mas que uma proposição seja uma figura, eis algo que não pode deixar de despertar perplexidades, pois não se vê muito bem o que uma proposição como *Demóstenes é tão bom orador quanto Cícero* tem a ver com uma figura! No entanto, é exatamente isso que afirma Wittgenstein. Vamos admitir que se ponha em evidência a forma dessa proposição substituindo os nomes próprios *Demóstenes* e *Cícero* por letras minúsculas do início do alfabeto, e a relação *...é tão bom orador quanto...* pela letra maiúscula *R*. Nossa proposição é, portanto, um exemplo da forma *aRb*. Mas, como afirma Wittgenstein, "é evidente que apreendemos uma proposição da forma '*aRb*' como uma figura. Aqui o signo é evidentemente um símile do que é designado."[4] Admitir tal analogia entre uma proposição e uma figura, estendê-la à linguagem em geral, supõe entretanto o acréscimo de um certo número de teses adicionais que a tornem aceitável.

É bem claro, de início, que as "figuras" que fazemos de estados de coisas supõem, muito freqüentemente, convenções; isso não vale apenas para as figuras proposicionais, mas também para "figuras" como as partituras musicais ou gráficos de temperatura. Essas convenções referem-se ao que os signos simples designam, mas também, evidentemente, à maneira de estruturar as figuras; tratando-se de um gráfico de temperatura, por exemplo, convenciona-se uma leitura da esquerda para a direita correspondendo à relação de antes e depois. Da mesma maneira, a altura relativa dos sons será representada pela "altura" das notas sobre a pauta ("altura" é aqui homonímica), etc.

Deve-se distinguir, porém, dois casos: se respeitarmos essa convenção, todo gráfico de temperatura que fizermos estará representando um estado de coisas *possível*. É verdade que pode ocorrer que esse estado de coisas seja

---

4. *Tractatus* 4.012.

fisiologicamente aberrante, quando, por exemplo, o gráfico representa saltos consideráveis de temperatura em intervalos de tempo extremamente curtos. Apesar disso, ele continua sendo um gráfico de temperatura que representa um estado de coisas que, embora não se realize em nosso mundo, *poderia* realizar-se em outro. Diremos que, nesse caso, nossa maneira de simbolizar a evolução da temperatura de um doente tem uma multiplicidade correta, no sentido, simplesmente, de que a forma do simbolismo utilizado para representar a evolução de temperatura de um doente é a mesma que a forma dos fatos fisiológicos que esse simbolismo permite representar.

Mas nem sempre isso é assim. Poderia muito bem acontecer que um sistema de signos, um simbolismo, seja tal que possibilite, respeitando perfeitamente as regras, construir "figuras" incapazes de representar o que quer que seja, isto é, figuras não significativas. Esse simbolismo não teria, então, uma multiplicidade correta. É isso, precisamente, que caracteriza as linguagens ordinárias por meio das quais nos exprimimos. As regras que regem esse simbolismo são simplesmente as regras de gramática que aprendemos na escola elementar. Ao seguir essas regras gramaticais, podemos formar proposições *incapazes de* representar um estado de coisas possível. Consideremos um exemplo simples: gramaticalmente, estamos autorizados a formar uma proposição como *Às 22h30, João tinha 37,5 e 39 graus de temperatura* (a exemplo do modelo: *Às 22h30, João tinha fome e frio*), e podemos ter a impressão de que essa proposição, embora falsa, tem mesmo assim um sentido. Sobre esse tipo de possibilidade gramatical repousam numerosos gracejos como "Traga-me a faca sem lâmina que não tem mais cabo". Ao contrário, se respeitarmos as convenções que governam a feitura de gráficos de temperatura, não conseguiremos representar um estado de coisas que seja "impossível" como o anterior: isso exigiria marcar dois pontos para o mesmo valor da abscissa, e isso é "proibido" por nossas regras. Se fizéssemos isso, não estaríamos fazendo um gráfico de temperatura "falso", mas algo que não é absolutamente um gráfico de temperatura, e sim alguma outra coisa. Em outras palavras, ao violar as regras para fazer um gráfico de temperatura, produzimos alguma coisa que não tem mais sentido (pelo menos enquanto gráfico de temperatura).

Compreende-se agora o que se quer dizer fundamentalmente com a afirmação de que podemos enunciar proposições que *parecem* ter um sentido embora de fato não tenham; elas são gramaticalmente corretas, mas, como nossa linguagem ordinária não tem uma multiplicidade correta, elas não representam nenhum estado de coisas *possível* e, em conseqüência, não podem ser comparadas com a realidade. Elas não têm condições de verdade; em suma, não têm sentido.

Podemos avançar ainda mais. É claro que um instante de reflexão nos fará reconhecer que a proposição *Às 22h30, João tinha 37,5 e 39 graus de temperatura* é absurda e que aquele que a enuncia ou não sabe o que fala ou está gracejando. Mas nem sempre esse é o caso, e isso toca em particular o ponto crucial que evocamos antes, a saber, que uma figura não pode representar a forma que ela compartilha com a realidade que ela deve representar. Ora, nossa linguagem ordinária não apenas nos autoriza a dizer algo sobre essas formas, como sua opacidade lógica nos leva de maneira quase inevitável a ter de falar delas. Retomemos nosso exemplo: ao observar um gráfico de temperatura, "vemos" imediatamente, sem que isso nos seja "dito" pelo próprio gráfico, que em um dado instante o doente pode ter apenas um grau determinado de temperatura (37,5° ou 39°, mas não ambos). O gráfico de temperatura *diz* que João tem 37,5° (ou 39°) e *mostra* que ele não pode ter simultaneamente os dois graus de temperatura.

Isso que ele mostra decorre da forma que ele compartilha com o estado de coisas que representa.

Suponhamos agora que a pessoa que nos diz que João tem 37,5 e 39 graus de temperatura não está gracejando. Como fazê-la compreender que o que está dizendo na verdade não tem sentido? Supostamente, explicando-lhe que não se pode ter ao mesmo tempo dois graus de temperatura, ou que é *impossível* que um ser humano tenha os dois graus ao mesmo tempo, etc. Nossa explicação parece então tornar visível uma propriedade *necessária* do fato de se ter um certo grau de temperatura: o grau de temperatura deve ser único e determinado em um dado instante. Parecemos estar falando, aqui, de um certo estado de coisas possível, e até mesmo real. Mas esse estado de coisas é bastante estranho. A proposição *um ser humano tem um grau de temperatura único e determinado em um instante dado* exprime algo que é tão verdadeiro que nem mesmo podemos ver como poderia ser falso... Não é isso que tradicionalmente se chama uma proposição *necessária*, da qual se admite que expressa a *essência* das coisas, a própria natureza delas, etc.?

Mas é claro que isso é apenas uma ilusão. Tudo o que fizemos foi tentar falar da *forma* dos estados de coisas relativos à temperatura de um indivíduo em um dado instante, algo que o gráfico de temperatura mostrava sem que fosse necessário e nem mesmo possível dizê-lo. Esse discurso sobre a forma toma a aparência de um discurso sobre a realidade tal qual ela é efetivamente, e somos facilmente levados a acreditar que ele exprime suas características essenciais.

É aí que começam as confusões. É precisamente dessas confusões que estão cheias as obras de "filosofia". Nelas não se trata, é verdade, de graus de temperatura, ou de coisas assim vulgares, mas isso não muda nada na questão: quando se pergunta se isto ou aquilo é uma "propriedade", ou uma "relação", se existem "objetos", ou, no contexto da velha metafísica, se os "gêneros" e as "espécies" são "substâncias", etc., não se está fazendo nada mais que levantar questões acerca das *formas*, acreditando, ao mesmo tempo, que são questões sobre a realidade e, mesmo, sobre o que constitui a essência mais íntima dessa realidade. Como não é possível falar sobre as formas, as proposições que tentam fazê-lo são desprovidas de sentido, apesar das aparências.

Se nossas linguagens estivessem logicamente em ordem, se elas tivessem uma multiplicidade correta, não apenas não precisaríamos levantar esse tipo de questões e tentar respondê-las, mas sequer conseguiríamos formulá-las. Dito de outro modo, não conseguiríamos construir proposições "gramaticalmente" corretas mas desprovidas de sentido. Eis por que é necessário dispor de um simbolismo correto, no qual a forma lógica da realidade se mostre. Assim, para que uma "figura lógica" esteja logicamente em ordem, é preciso que mostre em que condições ela é verdadeira. Uma das ambições do *Tractatus* é fornecer os traços gerais de tal simbolismo. Mas como chegar a ele?

3. Um simbolismo logicamente em ordem

Não devemos esquecer que a teoria pictórica da proposição se insere no quadro da análise lógica proposta por Frege e Russell, e da concepção de linguagem que dela resulta. Como se lembra, nas linguagens artificiais elaboradas pelos pais fundadores – linguagens que se supõe estarem "logicamente em ordem" –, o ponto de partida estava dado pelas proposições elementares. Do ponto de vista da gramática (da "sintaxe") de nossa linguagem artificial, as proposições elementares são as menores seqüências de símbolos "gramaticalmente" aceitáveis, um pouco como *chove* ou *João está doente* são seqüências mínimas de "palavras" formando uma "sentença" segundo a gramática de nossa linguagem ordinária. A partir de proposições elementares, pode-se construir proposições mais complexas, seja combinando-as por meio de conectivos, seja "generalizando-as", seja usando esses dois procedimentos ao mesmo tempo. Usando *apenas* esses dois procedimentos, pode-se engendrar todas as proposições que contarão como proposições gramaticalmente corretas. A simplicidade de uma tal linguagem permite assim fornecer uma definição, denominada "recursiva", do conjunto de proposições gramaticalmente corretas.

Uma definição como esta tem classicamente as seguintes características.[5] Especifica-se, primeiramente, o que se entende por proposições elementares, tomando em consideração apenas suas formas: por exemplo, diz-se que se P é um predicado de dois lugares como "...é maior que...", x e y são variáveis para indivíduos e a e b constantes (isto é, nomes próprios) de indivíduos, então *P(x,y)* e *P(a,b)* são proposições elementares gramaticalmente corretas.

A seguir, indica-se como construir novas proposições a partir de proposições já construídas, não necessariamente elementares, mas admitidas como gramaticalmente corretas:

– se φ e ψ são proposições gramaticalmente corretas, então "não φ", "φ e ψ", "φ ou ψ", "se φ então ψ", etc. são proposições gramaticalmente corretas;

– se φ é uma proposição gramaticalmente correta, então "qualquer que seja x, φ" e "existe ao menos um x tal que φ" são proposições gramaticalmente corretas.

---

5. Apresentamos aqui o que se encontra, diferindo apenas em detalhes, em qualquer manual de lógica *atual*. As coisas não estavam tão claras na época em que Wittgenstein escreveu o *Tractatus*, mas "a idéia já estava lá", como se diz.

Uma definição "recursiva" desse gênero descreve *de antemão*, e levando em conta *apenas* sua forma (gramatical), *todas* as proposições admissíveis de nossa linguagem artificial.

Pode-se então explicitar a intuição central do *Tractatus* da seguinte maneira. A teoria pictórica permite compreender o que significa uma proposição elementar ter um sentido e ser verdadeira ou falsa: uma proposição elementar tem sentido se ela tem condições de verdade (se ela mostra um estado de coisas possível), e é verdadeira se essas condições estão satisfeitas (se o estado de coisas existe). Construída em um simbolismo correto, uma proposição elementar mostra assim imediatamente suas condições de verdade. Precisaríamos dispor de um simbolismo que permita fazer coincidir as regras de construção gramatical das proposições com a exibição das condições de verdade das proposições assim construídas.

Quais são, primeiramente, as proposições elementares? Podemos fornecer sequer um exemplo de proposição elementar? De forma mais geral, podemos exibir as *formas* dessas proposições elementares, o que nos permitiria construir um simbolismo sobre o qual seria possível "ler" essas formas? A resposta do *Tractatus* é negativa para ambas as perguntas.

Que não se possa dar sequer um exemplo de proposição elementar decorre essencialmente da impossibilidade de especificar o que se deve admitir como um objeto simples. Pode-se sem dúvida pensar em um ponto no espaço geométrico, ou no espaço visual, ou mesmo em uma partícula "elementar", cujos "nomes" seriam os dados de suas coordenadas, mas Wittgenstein recusa pronunciar-se sobre isso. *Deve-se* admitir a existência de objetos simples diretamente nomeáveis, pelas razões que indicamos anteriormente: a existência desses objetos deve ser admitida essencialmente enquanto condição de possibilidade do fato de que uma proposição (não elementar) tenha um sentido determinado, *mesmo que* não possamos exibir um único objeto simples. Podemos dizer desde já que essa é uma dificuldade central do *Tractatus*, uma das que levaram posteriormente Wittgenstein a questionar fortemente sua primeira obra.

Encontramos mais ou menos a mesma dificuldade quando procuramos exibir as formas lógicas específicas das proposições elementares. Vamos deixar claro, inicialmente, o que deveria significar "exibir as formas lógicas". Enquanto condição do sentido de uma proposição, aquilo que lhe permite ser comparada com a realidade, sua forma deve estar dada de antemão e deve ser previsível; ela não pode, evidentemente, ser descoberta no mundo tal como ele é. Essa previsibilidade das formas permite mostrar como se pode construir uma forma a partir de outra, isto é, como as formas se engendram umas a partir das outras. No caso das proposições elementares, que são apenas combinações de nomes simples que estão no lugar de objetos simples, e cujas formas são determinadas pelas formas dos objetos, essa exibição da forma lógica é impossível, pois ignoramos tudo sobre esses objetos simples (exceto que é preciso admitir sua existência). Contudo, do mesmo modo que no caso dos objetos simples, *devemos* admitir a existência de proposições elementares a título de condição da determinação do sentido de proposições não analisadas. Aí, mais uma vez, o *Tractatus* enfrenta uma grave dificuldade. Ainda que não se possa apresentar as formas lógicas particulares das proposições elementares, a teoria pictórica permite indicar qual é sua forma geral: toda proposição elementar é da forma "as coisas estão de tal e tal modo"[6]; o que não quer

---

6. *Tractatus*, 4.5.

dizer nada mais que: toda proposição elementar é ou verdadeira ou falsa.

Esse primeiro resultado, na verdade, decepciona um pouco, mas não deixa de ser promissor: em virtude do fato de que a verdade ou a falsidade de uma proposição elementar não depende da verdade ou da falsidade de uma outra proposição elementar, uma proposição elementar não intervirá em uma proposição complexa senão na medida em que pode ser verdadeira ou falsa, sem que seja necessário levar em conta sua forma particular. Dito em outros termos, o fracasso do *Tractatus* quanto a esse ponto não impede que se prossiga e se pergunte se não se poderia construir um simbolismo capaz de exibir quais são as condições de verdade das proposições moleculares ou gerais.

Como vimos, estas últimas proposições são construídas gramaticalmente a partir de proposições elementares. Não se poderia admitir e mostrar que regras gramaticais bem escolhidas determinam igualmente as condições de verdade das proposições que permitem construir? Sim, desde que se admita uma nova tese central: *que a verdade ou falsidade de proposições moleculares ou gerais depende apenas da verdade ou falsidade das proposições elementares a partir das quais são construídas* (princípio de verifuncionalidade). As regras gramaticais estarão logicamente em ordem se permitirem construir apenas "signos proposicionais" que mostrem quais dentre as proposições elementares que entram em sua construção devem ser verdadeiras e quais devem ser falsas, para que eles sejam verdadeiros. Todas as proposições são então construídas de modo a exibir suas condições de verdade e a compartilhar, assim, uma mesma forma lógica com a realidade.

Tudo isso é mais simples do que parece. Voltemos um pouco ao que Frege e Russell haviam elaborado e coloquemos simploriamente a questão de saber qual é o estatuto dos conectivos proposicionais e dos quantificadores, essas partículas lógicas que nos permitem construir proposições moleculares e gerais. Nossos precursores estavam de fato mais ou menos convencidos de que os conectivos proposicionais e, sobretudo, os quantificadores ("qualquer que seja x", "existe ao menos um x tal que") eram termos lógicos primitivos, dotados de um certo significado, dos quais se poderia precisar a função "lógica". Eis, por exemplo, o que Russell afirmou em uma obra escrita em 1913 embora não publicada em razão das severas críticas que Wittgenstein justamente lhe dirigiu:

> Palavras como *ou, não, todos, alguns*, implicam claramente noções lógicas; e, como podemos utilizar inteligentemente essas palavras, devemos dispor de um conhecimento imediato dos objetos lógicos envolvidos.

A conseqüência imediata de uma tal maneira de ver as coisas é que o "significado" das proposições moleculares e gerais depende em parte do significado das partículas lógicas que entraram em sua construção. O caso mais fácil de compreender é o das proposições que começam por "qualquer que seja x" e que em nossa linguagem habitual começariam por "todos". Considere-se a proposição *todos os homens são mortais*. Poder-se-ia admitir, em primeira aproximação, que essa proposição diz a mesma coisa que *Pinochet é mortal e Elstine é mortal e Druon é mortal*, etc. Suponhamos que tenhamos desse modo feito a lista de todas as proposições elementares desse tipo. Será que essa conjunção de alguns bilhões de proposições elementares (!) diria a mesma coisa que a proposição geral *todos os homens são mortais*? Não, pois esta última diz, adicionalmente, que não há outros homens além dos nomeados em nossa lista, ou, em outros termos, "todos" acrescenta justamente como significação à conjunção de proposições elementares que essa lista é completa! "Todos" é, então, uma constante lógica da qual se deve apreender o "significado" para compreender proposições como *todos os homens são mortais*. A partir daí, Russell concluiu que se deveria admitir, ao lado dos fatos atômicos, a existência de "fatos gerais".

Wittgenstein recusa essa maneira de entender os quantificadores. A análise de Russell não é admissível porque, nesse caso, seria preciso que estivéssemos em condições de adotar o que se poderia chamar um ponto de vista "divino" *sobre* o mundo em geral. Na perspectiva do *Tractatus*, isso equivaleria a tentar *dizer* algo que só pode *se mostrar*: não posso dizer que isto ou aquilo é um "objeto", isso só pode se mostrar no fato de que eu utilizo um nome próprio. Da mesma maneira, tampouco posso dizer que não há outros homens além dos que mencionei na lista anterior; isso só pode se mostrar no fato de que não há outros nomes de homens à minha disposição em minha linguagem.

Estas últimas observações, portanto, levam Wittgenstein a admitir que uma proposição geral, seja ela universal ("qualquer que seja x") ou existencial ("existe ao menos um x tal que"), não passa de uma expressão adotada para enunciar conjunções ou disjunções de proposições obtidas pela substituição de nomes próprios em lugar da variável quantificada. A cláusula suplementar – "não há outros..." – que Russell julgava dever introduzir desaparece pura e simplesmente.

Essa tese permite assim remeter as proposições gerais às proposições moleculares, às conjunções ou disjunções de proposições elementares. Em outros termos, pode-se *eliminar* aquilo que Frege e Russell consideravam como constantes lógicas, a saber, "qualquer que seja x" e "existe ao menos um x tal que".

Que são, então, as proposições moleculares, ou, se preferirmos, que são essas outras constantes lógicas como os conectivos proposicionais? Podem eles por sua vez ser eliminados ou deve-se admitir que adicionam algo à significação das proposições em que figuram?

Para responder a essa questão é preciso voltar à forma de introduzir os conectivos adotada pelos grandes precursores e que já tivemos ocasião de evocar brevemente. Consideremos por exemplo a proposição molecular *Chirac está doente ou o telefone está desligado*. Que pode significar esse "ou"? A resposta mais simples é que "ou" indica que a proposição é verdadeira se ao menos uma das duas proposições elementares que a compõem (ou ambas) é (são) verdadeira(s). Pode-se proceder do mesmo modo para as outras partículas lógicas como "e", "se... então...", etc. Isso, aliás, não é original – não apenas, como acabamos de mencionar, é assim que Frege e Russell procederam, mas essa maneira de "definir" os conectivos já se encontra na Antigüidade, entre os estóicos.

A partir daí, Wittgenstein generaliza. Em uma proposição molecular, combinamos de uma maneira determinada proposições elementares que apenas entram nessa combinação em virtude de sua forma em geral, isto é, *na medida em que podem ser verdadeiras ou falsas* (na medida em que dizem que as coisas estão de tal e tal modo).

Para simplificar, consideremos somente os dois estados de coisas possíveis, α e β, representados respectivamente pelas duas proposições elementares *p* e *q*. Lembremos que os estados de coisas elementares são independentes uns dos outros, isto é, que a existência ou não-existência de um estado de coisas elementar em nada depende da existência ou não-existência de um outro estado de coisas elementar. Então, α e β podem se combinar de quatro diferentes maneiras, nem mais nem menos. Se convencionarmos indicar por ɑ̄ o fato de que α não está realizado, essas quatro combinações possíveis são: {<α, β>, <α, β̷>, <α̷, β>, <α̷, β̷>} (se houvesse três estados de coisas haveria oito combinações possíveis, etc.).

Podemos dizer, portanto, que a forma de uma situação complexa possível composta de dois estados de coisas α e β é o conjunto das quatro combinações possíveis, assim como a forma de um estado de coisas possível é o conjunto de maneiras pelas quais os objetos simples que o constituem podem se combinar. É fácil constatar que as duas proposições *p* e *q*, se se levar em conta apenas sua verdade ou falsidade, só podem igualmente se combinar de quatro maneiras distintas. Se convencionarmos indicar por p_v o fato de que *p* é verdadeira e por p_f o fato de que *p* é falsa, isso nos fornece: {<p_v, q_v>, <p_v, q_f>, <p_f, q_v>, <p_f, q_f>}; essas quatro possibilidades para as duas proposições elementares de serem verdadeiras ou falsas correspondem, assim, às quatro possibilidades para os estados de coisas α e β estarem ou não realizados.

Que *diz* uma proposição elementar? Que o estado de coisas que ela representa está realizado. Que *diz* uma proposição molecular composta de *p* e *q*? Que algumas, todas ou nenhuma das quatro combinações {<α, β>, <α, β̷>, <α̷, β>, <α̷, β̷>} estão realizadas. Por exemplo, *p ou q* diz que α e β estão simultaneamente realizados, ou que α está realizado, ou que β está realizado, e ela exclui que nem α nem β estejam realizados. Em outros termos, ela exprime seu acordo com as três primeiras possibilidades <α, β>, <α, β̷>, <α̷, β> e seu desacordo com a possibilidade <α̷, β̷>. Assim, diferentemente de uma proposição elementar, que é verdadeira se e somente se o estado de coisas que ela representa estiver realizado, uma proposição molecular como *p ou q* é verdadeira se e somente se uma das três combinações possíveis <α, β>, <α, β̷>, ou <α̷, β> estiver realizada. As "condições de verdade" de *p ou q* são, portanto, que *p* e *q* sejam simultaneamente verdadeiras, ou que *p* seja verdadeira, ou, por fim, que *q* seja verdadeira.

Até este momento admitimos que conhecemos o "significado" de "ou", algo que a mera grafia *p ou q* não permite apreender. É fácil, porém, exibir esse "significado" utilizando um simbolismo como o seguinte:

p	*q*	
v	v	v
v	f	v
f	v	v
f	f	f

Os "v" e "f" significam "verdadeira" e "falsa", e a coluna da direita indica com quais "possibilidades de verdade" de *p* e *q* a proposição molecular está de acordo. As possibilidades de verdade com as quais a proposição está de acordo são denominadas, por Wittgenstein, seus *fundamentos de verdade*. A coluna da direita indica, portanto, quais são os fundamentos de verdade da proposição molecular. Trata-se aqui de um "signo proposicional" no qual "ou" *não mais aparece* e que tem o mérito de mostrar *diretamente* quais são as condições de verdade da proposição molecular. Se mantivermos a ordem na qual dispusemos as possibilidades de verdade de *p* e *q*, podemos até mesmo escrever mais economicamente essa proposição sob a forma facilmente compreensível (v, v, v, f) (*p*, *q*).

Que esse signo proposicional tenha a "multiplicidade" correta decorre de que as possibilidades de verdade da proposição correspondem exatamente às possibilidades de existência ou de não-existência de estados de coisas representadas pelas proposições elementares. Ele não pode, portanto, exprimir seu acordo com uma ou mais possibilidades de verdade de proposições elementares que

não correspondessem a uma possibilidade de existência
ou de não-existência de estados de coisas representados
pelas proposições elementares. Havíamos visto como, ao
contrário, a proposição *às 22:30 João tem 37,5 graus de
temperatura e às 22:30 João tem 39 graus de temperatura* exprimia seu acordo com uma possibilidade *ilusória*
de existência de estados de coisas: à conjunção das proposições elementares não corresponde nenhuma possibilidade de existência de estados de coisas expressos pelas
duas proposições elementares.

De maneira mais geral, um signo proposicional exprime com qual subconjunto do conjunto de possibilidades
de verdade de proposições elementares ele está de acordo.
Essa observação nos permite avançar mais e fornecer o
conjunto de proposições moleculares constituídas de duas
proposições elementares, pois esse conjunto nada mais
é que o conjunto de todos os subconjuntos do conjunto
de quatro elementos $\{<p_v, q_v>, <p_v, q_f>, <p_f, q_v>, <p_f, q_f>\}$,
que corresponde, portanto, ao conjunto $\{<\alpha, \beta>, <\alpha, \beta>,
<\alpha, \beta>, <\alpha, \beta>\}$. Como existem dezesseis (2^4) subconjuntos
de um conjunto de quatro elementos, podemos preparar
a seguinte tabela:

p	q	t	v	⇐	⇒	⇔	∧	w	~q	~p	↓	c
v	v	v	v	v	v	v	v	v	v	f	f	f	f	f	f	f	f
v	f	v	v	v	v	f	f	f	f	v	v	v	v	f	f	f	f
f	v	v	v	f	f	v	v	f	f	v	v	f	f	v	v	f	f
f	f	v	f	v	f	v	f	v	f	v	f	v	f	v	f	v	f

Os pequenos símbolos escritos no alto de algumas colunas correspondem mais ou menos às pequenas palavras lógicas de nossa língua ordinária:
- $p \vee q$ corresponde a *p ou q* (disjunção *inclusiva*: as duas proposições elementares podem ser verdadeiras simultaneamente);
- $p \Leftarrow q$ corresponde a *p se q*;
- $p \Rightarrow q$ corresponde a *se p então q* (implicação);
- $p \Leftrightarrow q$ corresponde a *p se e somente se q* (dupla implicação);
- $p \wedge q$ corresponde a *p e q* (conjunção);
- p w q corresponde a *ou bem p, ou bem q* (disjunção *exclusiva*: as duas proposições elementares não podem ser simultaneamente verdadeiras);
- $\sim q$ ($\sim p$) corresponde a *não q* (*não p*);
- $p \downarrow q$ corresponde a *nem p nem que* (rejeição).

As duas colunas extremas correspondem aos dois casos particulares de que trataremos logo mais: a "tautologia" (t) e a "contradição" (c).

A coluna do "∨" é a que nos serviu de ponto de partida.

Do que precede, pode-se tirar muitas conclusões, que Wittgenstein explora.

4. Não há constantes lógicas

Já de início fica claro que os diferentes conectivos proposicionais são definíveis uns em função dos outros. Por exemplo, a proposição *se p então q* ($p \Rightarrow q$) é a mesma "função de verdade" de *p* e de *q* que a proposição *não-p ou q* (= $\sim p \vee q$), ou que *não (p e não-q)* (= $\sim(p \wedge \sim q)$). Basta, de fato, utilizar os conectivos "$\sim$" e "$\vee$", ou então "$\sim$" e "$\Rightarrow$", ou até mesmo unicamente o conectivo "$\downarrow$" para que possamos escrever qualquer proposição molecular constituída de duas proposições elementares. Disso resulta que não há nenhuma razão para atribuir um significado particular a esses conectivos; a única coisa que importa é saber, de uma proposição molecular, qual "função de verdade" de suas proposições elementares é ela; o que, no caso de $p \Rightarrow q$, a notação (v, f, v, v) (p, q) põe imediatamente em evidência sem que seja preciso utilizar os conectivos. Ao contrário, o uso dos conectivos pode facilmente conduzir à idéia de que essas pequenas palavras têm um significado particular e designam o que Russell chamava os "dados lógicos".

Compreendemos agora o "pensamento fundamental" de Wittgenstein sobre este assunto: não há nem "objetos" lógicos nem constantes lógicas, e a lógica como ciência não pode ter como tarefa estudar as propriedades desses supostos objetos. No fundo, o uso dos conectivos dá a ilusão de que essas pequenas palavras dizem algo acerca da *forma* (isto é, das condições de verdade) das proposições moleculares que servem para construir, e isso conduz a uma confusão fundamental na qual Frege e Russell (e não apenas eles) caíram.

5. A "forma geral da proposição"

A segunda conclusão que se pode tirar da observação de nossa tabela diz respeito à maneira pela qual a construímos. Consideramos apenas o caso simples de funções de verdade de duas proposições elementares, mas poderíamos ter feito exatamente a mesma coisa com um número tão grande quanto quiséssemos de proposições elementares: dadas n proposições elementares pode-se construir de antemão e sistematicamente todas as funções de verdade dessas n proposições. Para essas n proposições elementares, há 2^n possibilidades de verdade correspondentes a essas mesmas 2^n possibilidades de existência ou de inexistência de estados de coisas representados pelas n

proposições elementares. Um simples cálculo mostra que há, portanto, 2 elevado a 2^n distintas funções de verdade de n proposições elementares.

Mas pode-se ir mais longe: uma simples demonstração mostra que se pode exprimir todas as funções de verdade com auxílio unicamente das funções de verdade de duas proposições elementares. Ora, todas as funções de verdade de duas proposições elementares podem, por sua vez, ser expressas com auxílio, por exemplo, da única função "rejeição" ("nem... nem..."), chamada às vezes "barra de Sheffer", nome de seu "inventor". Dessa possibilidade Wittgenstein extrai aquilo que constitui o pivô do *Tractatus*, a saber, que se pode definir o conjunto de proposições moleculares como resultado da "operação" única de "rejeição" aplicada às proposições elementares.

Em vez de utilizar essa operação, que é pouco intuitiva, ilustraremos o que Wittgenstein quer dizer recorrendo às duas operações de negação e disjunção. Para simplificar, suponhamos que há somente três proposições elementares, p, q e r. Partimos dessas três proposições e estabelecemos que novas proposições são formadas quer prefixando-se o signo de negação "~" a uma proposição, quer intercalando o signo de disjunção "∨" entre duas proposições. Eis então um exemplo da maneira de construir proposições mais e mais complexas: ~p; ~$p \vee q$; ~(~$p \vee q$); $r \vee$ ~(~$p \vee q$); ~q; ~$q \vee [r \vee$ ~(~$p \vee q)]$; etc.

É possível, assim, construir *inteiramente a priori todas* as funções de verdade de uma, duas ou três proposições elementares. O importante é que a maneira que temos para construir nossos signos proposicionais permite manifestar a cada etapa da construção as condições de verdade da nova proposição obtida, pois cada um de nossos dois signos de operação é simultaneamente a expressão de uma certa função de verdade (cf. a tabela anterior). Em nossos exemplos, isso forneceria: ~p é verdadeira sse[7] p é falsa; $\sim p \vee q$ é verdadeira sse $\sim p$ e q não são simultaneamente falsas, ou seja, se p não é verdadeira e q falsa; $\sim(\sim p \vee q)$ é verdadeira sse $\sim p \vee q$ é falsa, ou seja... etc.

É claro que não temos nenhuma outra razão, a não ser uma razão pedagógica, para nos limitarmos a três proposições elementares, e este procedimento pode ser integralmente generalizado. Isso permite a Wittgenstein fornecer o que se denomina a *forma geral da proposição* que apresenta todas as formas proposicionais (moleculares) por meio do símbolo: $[\bar{p}, \bar{\xi}, N(\bar{\xi})]$, no qual "$\bar{p}$" designa o conjunto de proposições elementares, "$\bar{\xi}$" um conjunto de proposições (elementares ou já obtidas a partir destas últimas pela aplicação da operação N) e "$N(\bar{\xi})$", o resultado da aplicação da operação "rejeição" a $\bar{\xi}$.

Essa forma geral da proposição exibe assim, *in nucleo*, e levando em conta apenas a forma das proposições, todas as formas proposicionais possíveis; ela é a expressão de uma regra simbólica e, ao mesmo tempo, mostra as condições de verdade de cada nova proposição obtida. Em outras palavras, ela permite construir, *a priori*, uma forma a partir de outras formas por meio da única operação "rejeição". Nesse sentido, ela não *diz* nada sobre essas formas, mas se contenta em *mostrá-las*.

Eis o grande "sucesso" do *Tractatus* que dá seu sentido à idéia geral à qual fomos conduzidos pelo exame do que é uma figura, a saber, que a forma lógica é indizível e pode apenas mostrar-se em um simbolismo adequado. Isso equivale a exigir que se possa exibir no próprio signo proposicional quais são as condições de verdade da proposição.

---

7. Lê-se: *se e somente se*.

6. Que é uma "lei lógica"?

Não terminam aí as conseqüências que Wittgenstein extrai de sua tese de que não há razões para admitir constantes lógicas. Devemos nos dirigir agora para as duas colunas extremas da tabela de funções de verdade. Essas duas colunas apresentam a característica bizarra de que as proposições correspondentes exprimem seu acordo com todas, ou com nenhuma, das possibilidades de verdade de proposições elementares. Isso significa que essas proposições de fato não possuem condições de verdade, pois são ou sempre verdadeiras (as tautologias) ou sempre falsas (as contradições), independentemente do que é o caso no mundo. Uma proposição "normal", ao contrário, só é verdadeira em certas condições, precisamente aquelas com as quais exprime seu acordo, e é falsa se uma dessas condições não está realizada. Ora, insistimos fortemente no fato de que o sentido de uma proposição é dado por suas condições de verdade. Disso resulta imediatamente que uma proposição que não tem condições de verdade não tem sentido. Poder-se-ia então ter a impressão de que nossa forma de apresentação tabular autorizaria, também ela, a construção de proposições desprovidas de sentido, do mesmo modo que, como vimos, a linguagem ordinária o faz...

Isso, porém, não é o caso, pois não é em razão da "impossibilidade" de existir de um estado de coisas *aparentemente* bem representado que uma tautologia ou uma contradição estão desprovidas de sentido, mas em razão exatamente das "propriedades" das funções de verdade.

Consideremos a proposição (em notação habitual, "p ou q"):

p	q	
v	v	v
v	f	v
f	v	v
f	f	f

Substituindo q por p, obtém-se a pequena tabela a seguir:

p	p	
v	v	v
f	f	f

Substituindo agora um dos dois p por sua negação:

p	~p	
v	f	v
f	v	v

Esta última tabela mostra a forma de uma proposição como "chove ou não chove", que é sempre verdadeira em razão da propriedade da função de verdade "disjunção", exibida pelas segunda e terceira linhas de sua tabela. Uma proposição ordinária, se for verdadeira, informa-nos sobre o que é o caso no mundo; a saber, que um de seus fundamentos de verdade é o caso. Aqui a situação é completamente diferente porque nossa tautologia, embora (sempre) verdadeira, não nos informa absolutamente *nada*. Ao contrário, ela exibe uma "propriedade" da "disjunção" *que é também uma propriedade "formal" do mundo*, a saber, que um estado de coisas possível ou existe ou não existe. Pode-se dizer, portanto, com toda generalidade, que as tautologias (mas também as contradições) põem em evidência a "ossatura do mundo", como diz Wittgenstein, ou, como ele também diz, a "lógica do mundo".

Onde se encontram as tautologias? Na lógica. As leis lógicas, tais como apresentadas nos sistemas de Frege ou de Russell, não passam de tautologias – eis o que valeu a Wittgenstein uma certa notoriedade entre os lógicos nos anos 20.

Para compreender isto, basta considerar a maneira pela qual as leis lógicas foram expressas pelos grandes precursores. Lembremos que se espera de uma lei lógica que ela "justifique" uma inferência. Como observamos antes, uma inferência só é válida se for impossível que as premissas sejam verdadeiras e a conclusão falsa. Ora, entre as dezesseis funções de verdade de nossa tabela, há uma, a implicação ("⇒"), que tem uma interessante "propriedade": ela é falsa exatamente no caso em que o antecedente da implicação é verdadeiro e o conseqüente é falso. Suponhamos agora que os "fundamentos de verdade" de uma proposição (molecular), φ, sejam todos eles igualmente fundamentos de verdade de uma outra proposição, ψ, ou, dizendo de outro modo, suponhamos que ψ exprima seu acordo com (ao menos) todas as possibilidades de verdade com as quais φ também exprime seu acordo. Nesse caso, a implicação φ ⇒ ψ será sempre verdadeira. Se se considera agora φ como premissa de uma inferência e ψ como conclusão dessa mesma inferência, pode-se dizer igualmente que essa inferência é válida, pois, a cada vez que φ for verdadeira, ψ também o será. Ou seja, uma inferência é válida se e somente se a implicação, cujo antecedente é constituído pela conjunção das premissas e o conseqüente é a conclusão da inferência, for sempre verdadeira. Vejamos um exemplo.

Tomemos como uma primeira premissa *se chove, Helena está triste*. Como já vimos, essa proposição é verdadeira em três casos: se chove e Helena está triste, ou se não chove e Helena está triste, ou, por fim, se não chove e Helena não está triste. Juntemos uma segunda premissa: *chove*, que só é verdadeira se chove(!). Supondo que nossas duas premissas são verdadeiras, estão agora excluídos os dois últimos fundamentos de verdade da primeira premissa; só resta então uma única possibilidade: que chove e que Helena está triste. Podemos então legitimamente extrair das duas premissas *se chove, Helena está triste* e *chove*, a conclusão *Helena está triste*.

Vamos representar agora *chove* por p e *Helena está triste* por q, e formemos a proposição molecular $[(p \Rightarrow q) \land p] \Rightarrow q$ (esta proposição seria difícil de expressar em um português aceitável). Em virtude das condições de verdade da implicação que acabamos de apresentar, essa proposição só é falsa se $(p \Rightarrow q) \land p$ for verdadeira e q for falsa. Ora, em virtude das condições de verdade da conjunção, $(p \Rightarrow q) \land p$ só é verdadeira se $p \Rightarrow q$ for verdadeira e p for também verdadeira. E mais uma vez, em virtude das condições de verdade da implicação, isso só é possível se q for verdadeira, caso contrário $p \Rightarrow q$ seria falsa, contrariamente à hipótese. Não é possível, portanto, que $[(p \Rightarrow q) \land p] \Rightarrow q$ seja falsa. Ou seja, trata-se de uma lei lógica.

Os grandes precursores haviam adotado a seguinte atitude: selecionar, a título de axiomas, algumas "leis lógicas" como a que nos serviu de exemplo, mostrar que elas não podem ser falsas baseando-se nas propriedades dos conectivos (Frege) ou oferecê-las como "evidentes" (Russell), depois deduzir delas as outras leis lógicas. A lógica enquanto ciência aparece então como um sistema axiomático, do mesmo gênero do que há muito tempo Euclides havia adotado para sua geometria.

Wittgenstein considera que esse procedimento é profundamente insatisfatório, pois dá a impressão de que as leis lógicas derivadas dependem de leis lógicas primitivas tomadas como axiomas e leva, daí, à idéia de que há leis lógicas mais fundamentais que outras. Em termos mais gerais, a apresentação axiomática age como se a "verdade" de uma lei lógica tivesse de ser estabelecida (por uma prova), isto é, no fundo, como se fosse dessa prova que uma lei lógica obtém sua "verdade"; desse modo, as leis lógicas são tratadas como se sua verdade fosse condicional.

Ao mostrar que todas as assim chamadas "leis lógicas" não passam de tautologias, Wittgenstein mostrou que elas não são em absoluto "verdadeiras" no sentido habitual, precisamente porque não têm condições de verdade. Ter condições de verdade, para uma proposição ordinária, significa que se deve esperar saber o que é o caso antes de poder decidir sobre sua verdade ou falsidade. Uma tautologia, ao contrário, é "verdadeira" (o que é um modo de falar pouco apropriado aqui) seja qual for o caso. Vimos que isso decorre do fato de que tudo o que uma tautologia faz é manifestar as "propriedades formais" da linguagem e do mundo, o que lhe é possível fazer antes de qualquer "contato" com o mundo. E é isso, na verdade, que caracteriza fundamentalmente uma inferência válida: dizer que uma inferência é válida se e somente se a conclusão não pode ser falsa quando as premissas são verdadeiras equivale a dizer que, ao afirmar as premissas, já se afirmou a conclusão. Em termos wittgensteinianos, isso significa que os fundamentos de verdade comuns às premissas são também os fundamentos de verdade da conclusão. Para verificar isso, não é em absoluto necessário saber se as premissas ou a conclusão são verdadeiras ou falsas; basta saber com quais possibilidades de verdade de proposições elementares as premissas e a conclusão exprimem seu acordo ou desacordo. Se os grandes precursores acreditavam que tinham de *demonstrar* as leis lógicas, é porque pensavam que a relação entre premissas e conclusão dependia de algo mais além das próprias premissas e conclusão, mas isso só decorre do fato de que as proposições (como $[(p \Rightarrow q) \land p] \Rightarrow q$), tal como são escritas, não mostram imediatamente suas condições de verdade. Se voltarmos, por exemplo, rearranjando-a um pouco, à notação tabular introduzida anteriormente, poderíamos "ver" na própria tabela que nossa proposição é uma tautologia:

1	2	3	4	5	6	7
[(p	$\Rightarrow$	q)	$\land$	p]	$\Rightarrow$	q
v	v	v	v	v	v	v
v	f	f	f	v	v	f
f	v	v	f	f	v	v
f	v	f	f	f	v	f

Referindo-nos à tabela da p. 115, calculamos inicialmente $1 \Rightarrow 3$, o que fornece a coluna 2; a seguir, $2 \land 5$, do que resulta a coluna 4; e, por fim, $4 \Rightarrow 7$, cujo resultado é 6, em que aparecem apenas vv.

Uma representação como essa dispensa qualquer demonstração: uma tautologia se mostra como tal e é, portanto, como diz Wittgenstein, "sua própria prova", de modo que ela "mostra" o que tentam "dizer" os sistemas axiomatizados de Frege e Russell. A relação que liga antecedente e conseqüente em uma tautologia (ou, se preferirmos, premissas e conclusão em uma inferência válida) é uma relação "interna", "necessária", que depende apenas da forma das próprias proposições. É por esse motivo que ela pode ser exibida em um simbolismo deste tipo, sem que seja necessário demonstrá-la. Com isso, essa representação respeita o estatuto da forma lógica (da linguagem e do mundo) e não leva a pensar que as "leis lógicas" sejam da mesma natureza que qualquer outra proposição dotada de condições de verdade.

A importância desse resultado decorre menos do engenho da apresentação (da qual, aliás, Wittgenstein não foi realmente o inventor) do que do fato de fazer as leis lógicas, por assim dizer, conformarem-se com seu genuíno estatuto, estatuto que torna muito problemática a idéia de sua demonstração: pensemos, de fato, que se espera que essas leis justifiquem, sob a forma de proposições, as inferências válidas. Ora, para demonstrá-las, devemos utilizar exatamente esses modos de inferência que estamos buscando justificar... Há aí um círculo evidente, que os grandes precursores evidentemente não ignoravam, mas do qual não conseguiam escapar por não terem compreendido com toda a clareza o que era uma lei lógica.

Falando de forma mais geral, é a própria necessidade de estabelecer leis lógicas que põe em causa toda a concepção wittgensteiniana da linguagem e da forma lógica: uma notação correta deveria manifestar, em sua própria superfície, as condições de verdade das proposições; mas, se esse fosse o caso, ficaria imediatamente evidente que tal conclusão segue-se de tais premissas, pois bastaria observar, na própria notação, que todos os fundamentos de verdade comuns às premissas são igualmente fundamentos de verdade da conclusão. Isso fica diretamente visível em nosso exemplo anterior, pois constatamos facilmente que o único fundamento de verdade comum às duas premissas $p \Rightarrow q$ e p (primeira linha da coluna 4) é igualmente um dos fundamentos de verdade da conclusão q (primeira e terceira linhas da coluna 7). Seria possível igualmente representar isso da maneira seguinte:

		1ª premissa	2ª premissa	Conclusão
p	q	$p \Rightarrow q$	p	q
v	v	v	v	v
v	f	f	v	f
f	v	v	f	v
f	f	v	f	f

A moral disto tudo é que só temos necessidade de fazer lógica porque nossos simbolismos usuais (seja a linguagem ordinária ou mesmo o simbolismo altamente artificial dos matemáticos) mascaram a forma lógica do que dizemos. Além disso, o próprio Frege havia observado que, "se nossa linguagem fosse logicamente mais perfeita, não teríamos mais necessidade da lógica, ou, antes, poderíamos apreendê-la diretamente da linguagem".[8] De um certo modo, o *Tractatus* pode ser considerado como tendo posto em prática essa idéia.

7. O Tractatus *em grandes linhas*

É o momento, agora, de tomar alguma distância e tentar, a partir das austeras considerações precedentes, delinear os grandes traços da concepção geral que o *Tractatus* propõe para a linguagem, o mundo e o que se pode dizer significativamente.

Podemos representar as coisas da seguinte maneira. No nível mais baixo encontram-se as proposições elementares, cuja verdade ou falsidade depende apenas dos estados de coisas efetivamente realizados no mundo, isto é,

---

8. G. Frege, *Écrits posthumes*, p. 298.

dos fatos. Sobre isso, o lógico ou o filósofo não têm nada a dizer – é ao cientista (ao físico, ao químico, etc.) que cabe revelar o que é ou não é o caso no mundo e, portanto, estabelecer quais são as proposições elementares verdadeiras. Eis por que a filosofia não tem nada a ver com as ciências da natureza; os únicos habilitados a produzir um discurso "verdadeiro" são os cientistas.

Todas as outras proposições, ou seja, as proposições moleculares, são construídas a partir das proposições elementares enquanto funções de verdade destas últimas. Se soubermos quais são as proposições elementares verdadeiras e quais as falsas, poderemos determinar de antemão, por meio de um simples cálculo, todas as proposições moleculares verdadeiras e todas as falsas. Há relações necessárias apenas entre proposições moleculares, e essas são as relações de inferência e de contradição: que uma proposição se siga de uma ou de várias outras, ou contradiga uma outra, só depende dos fundamentos de verdade de umas e de outras, e isso é independente do que é o caso no mundo. Em outros termos, só existe necessidade lógica. A lógica enquanto ciência não tem razão de ser senão porque essas relações não se exibem diretamente nos simbolismos que comumente utilizamos.

Retomemos estes dois níveis para ampliar o que acaba de ser dito.

No que diz respeito às proposições elementares, o exame das condições que elas devem satisfazer para ter sentido levou Wittgenstein a estabelecer *a priori*, como vimos, que as proposições elementares são independentes umas das outras e, correlativamente, que a existência ou inexistência de um estado de coisas em nada depende da existência ou inexistência de um outro estado de coisas. Disso se segue que não há relação necessária entre os fatos (entre os estados de coisas realizados) e, em particular, que não há relação causal: "A crença em um nexo causal é superstição", declara Wittgenstein.[9] A "lei de causalidade" não diz respeito aos fatos, mas à maneira que temos de representar os fatos; ela diz respeito, portanto, apenas à maneira que temos de construir teorias científicas, isto é, de representar de maneira unificada e simples um conjunto de fatos. A lei da causalidade apenas diz confusamente que há leis da natureza, mas que haja leis da natureza é apenas uma característica – que deveria se mostrar por si mesma – de nossa forma de representar o mundo, e não uma propriedade do que é representado.

De maneira geral, a teoria pictórica, tal como se aplica às proposições elementares, implica dissociar totalmente verdade e "essencialidade", e, portanto, verdade e valor. Na perspectiva tradicional herdada de Aristóteles e de sua análise lógica, um juízo é tanto mais verdadeiro quanto mais ele penetra na *essência* do sujeito da predicação; para retomar nosso exemplo, *Bucéfalo é um cavalo* é "mais" verdadeira que *Bucéfalo é indomável*. Em termos mais vagos, isso leva a considerar que certas verdades são mais importantes que outras, têm mais *valor* que outras; ao enunciar a essência das coisas (e, por que não, do mundo!), chega-se ao que verdadeiramente *vale*, ao passo que permanecer nos "acidentes" é contentar-se com o superficial e o fútil. Como todos sabem, são os filósofos que, submetendo-se a um árduo labor intelectual, desligando-se das aparências, afastando-se de seus apetites sensíveis, etc., têm esse insigne privilégio de alçar-se à "essência" das coisas, ao passo que o comum dos mortais, por facilidade ou preguiça, está condenado a permanecer no nível do acidental. Eis por que a "busca da verdade", entendida como busca do que há de mais eminente – da essência – sempre pareceu dotada de valor intrínseco e ser o objetivo mais nobre que um homem poderia se propor.

---

9. *Tractatus*, 5.1361.

Recorde-se que uma das características mais importantes da "nova" análise lógica de Frege foi precisamente que a pluralidade de análises possíveis de uma mesma proposição tornava obsoleta a idéia aristotélica (mas não apenas ela) de que toda proposição consistia em dizer alguma coisa de alguma coisa. A teoria pictórica permite dar todo seu sentido a essa idéia: falando propriamente, uma proposição não enuncia nada de um "algo" que deveria ser em última instância da ordem da substância e cuja essência oculta se trataria de desvelar. Uma proposição representa uma das maneiras de "objetos" combinarem-se uns com os outros. Se a proposição é verdadeira, verifica-se que é exatamente assim que os objetos estão combinados, mas isso é perfeitamente casual. Uma proposição diz "as coisas estão assim", mas seria perfeitamente possível que as coisas estivessem de outro modo, e isso não tem estritamente nenhuma importância intrínseca. Uma proposição, se for verdadeira, mostra como está disposta a pequena porção do mundo que ela representa, e não pode dizer nada além disso. Nesse sentido, todas as proposições verdadeiras estão exatamente no mesmo nível; nenhuma é mais "verdadeira" que outra, nenhuma tem mais *valor* que outra. Daí a conclusão de Wittgenstein sobre esse ponto:

> Todas as proposições têm igual valor

e ele acrescenta a seguinte observação:

> No mundo, tudo é como é, e tudo ocorre como ocorre; nele não há nenhum valor.[10]

Dessa tese capital segue-se que as ciências da natureza, as que estabelecem quais são as proposições verdadeiras,

---

10. *Tractatus*, 6.4.

não podem nos ensinar nada sobre o que tem ou não tem valor. Sem dúvida, devemos nos dirigir a essas ciências para saber o que é verdadeiro, mas isso não toca em nada de realmente "importante", em nada do que constitui o que Wittgenstein denomina os "problemas da vida":

> Sentimos que mesmo que se tivesse respondido a todas as questões científicas possíveis, nossos problemas de vida não teriam sido sequer tocados.[11]

O notável, entretanto, é que as únicas questões dotadas de sentido são as que dizem respeito ao que é o caso no mundo, ou seja, precisamente as questões científicas. Disso resulta que o que se refere ao "problema da vida", os problemas de ética e de valor, não pode ser objeto de nenhum discurso significativo. Para bem compreender esse ponto bastante desconcertante, basta lembrar que, para ter sentido, uma proposição deve possuir condições de verdade e, portanto, deve representar um estado de coisas possível cuja existência eventual não pode ser senão perfeitamente contingente e acidental. Isso nos leva ao que é o caso no mundo, isto é, a algo que poderia não ter sido o caso e que é, portanto, sem nenhum valor.

O "problema da vida", do qual Wittgenstein fala um pouco misteriosamente, parece ser o dos fins que estabelecemos para nós mesmos, ou, se se quiser, o dos objetivos da vida. Que sentido tem minha vida? Uma tal questão não diz respeito, evidentemente, aos fatos; ela pressupõe uma espécie de visão global do mundo em sua totalidade por meio da qual o conjunto de tudo o que é o caso se ordenaria e adquiriria um sentido. Ora, tudo o que podemos dizer com sentido deve se referir ao que pode eventualmente ser o caso *no* mundo; certamente não o mundo

---

11. *Tractatus*, 6.52.

enquanto totalidade, pois isso significaria admitir que o mundo é ele mesmo um estado de coisas que poderia não ser o caso. Que há um mundo mostra-se no fato de que usamos uma linguagem que nos permite enunciar proposições que podem ser verdadeiras ou falsas, isto é, que têm um sentido. E isto evidentemente não é alguma coisa da qual possamos falar, pois constitui a própria condição do fato de, em termos gerais, podermos falar de alguma coisa.

Disso tudo resulta que devemos nos calar sobre questões que se referem ao "sentido" do mundo e da vida, e que nesses campos só se trata daquilo que pode ser realizado e mostrado por cada um. O sentido de minha vida é aquilo que mostro ao viver como vivo, e não aquilo sobre o que tagarelo nos salões. Wittgenstein está muito longe de querer minimizar a importância das questões de ética; ele procura, ao contrário, protegê-las, por assim dizer, de serem "postas em palavras", o que faria delas questões subalternas, pois nossos discursos só podem tratar significativamente aquilo que é contingente e, portanto, sem real importância. Compreende-se com isso a fórmula da carta a von Ficker que citamos ao início deste livro, e que podemos recordar:

> [No prefácio] eu queria escrever que meu trabalho consiste de duas partes, uma que está aqui apresentada, à qual é preciso acrescentar tudo aquilo que eu *não* escrevi. E é precisamente esta outra parte que é importante. De fato, meu livro traça os limites da ética, por assim dizer, a partir do interior... Enfim, penso que sobre tudo isso de que *tantos* falam hoje sem nada dizer, eu o repeti calando-me.[12]

---

12. Cf. p. 19.

Podemos, porém, ir mais longe e retomar o que já evocamos acerca das questões metafísicas. Uma das teses fundamentais do *Tractatus* é que uma proposição só tem sentido porque compartilha uma forma comum com a realidade, que, como vimos, não pode, ela própria, ser representada ou descrita. Há, portanto, em toda linguagem, um *a priori* "lógico" que só pode se mostrar, mas sobre o qual nada se pode dizer; e é esse *a priori* que se supõe que a "forma geral" da proposição representa. Como vimos, nossas linguagens ordinárias não têm uma "multiplicidade" correta, e isso significa que não podemos apreender imediatamente nelas essa forma comum que é condição de sentido. Disso se segue que podemos construir proposições gramaticalmente corretas e não obstante sem significado. "Sem significado", aqui, quer dizer não apenas que essas proposições não têm condições de verdade, mas também que elas tentam por vezes dizer algo sobre o qual não se pode falar, a saber, sobre a "forma". Isso é precisamente o que ocorre com as proposições metafísicas.

Já vimos como a lógica, enquanto ciência, tal como se apresenta nos sistemas axiomáticos de Frege e de Russell, podia suscitar a ilusão de estabelecer verdades no sentido ordinário, "verdades" que, diferentemente das verdades usuais, teriam a propriedade de ser necessárias. Da mesma maneira, a matemática e, sobretudo, a teoria dos conjuntos suscitam esse mesmo gênero de ilusão, e é por isso que tantas vezes se desenvolveu a idéia de que elas tratam de entidades de um gênero completamente extraordinário; entidades "inteligíveis" ou "ideais".

Em sua obra, Wittgenstein pensava ter mostrado que a matemática tinha o mesmo estatuto da lógica: paralelamente às proposições da lógica, as proposições da matemática mostram as propriedades formais da linguagem e do mundo. Disso resulta que nem a lógica nem a matemática são "ciências" no sentido usual; elas só fazem exibir o que é da ordem da forma. Mas elas fazem isso de um modo falacioso, apresentando seus resultados sob a forma de proposições que se assemelham gramaticalmente a proposições ordinárias, que podem ser verdadeiras ou falsas e que falam do que é o caso no mundo.

É essa aparência enganosa que levou numerosos filósofos e matemáticos a verem, nessas supostas ciências, ciências "puras": se considerarmos que em lógica e em matemática estamos realmente tratando de "verdades", então somos obrigados a reconhecer que não se trata de verdades da experiência, mas sim, ao contrário, verdades que só se fundam no exercício da pura razão. Eis por que há nelas essa necessidade e essa universalidade que não se encontram nas ciências da natureza. Nesse sentido, a existência da matemática parece deixar em má situação o empirismo, essa doutrina filosófica segundo a qual todo conhecimento vem da experiência, e dar consistência à idéia de que a "razão pura", por si só, é capaz de produzir discursos verídicos. Daí chega-se facilmente à idéia de que a razão, independentemente da experiência, está em condições de desenvolver "teorias" com pretensão à verdade, e, em particular, à idéia de que não é ilegítimo fazer "metafísica".

Ao mostrar que tudo o que a lógica e a matemática fazem é apenas exibir "formas", Wittgenstein mostrou simultaneamente que as assim chamadas proposições que se encontram nessas ciências não enunciam propriamente nenhuma "verdade", pois elas não "dizem" nada. Esse resultado é importante por permitir conciliar o empirismo com a lógica e a matemática: se a matemática não deve sua necessidade senão ao fato de que não fala de nada e apenas se limita a pôr em evidência a forma de um discurso acerca da realidade, não há como ver aí um modo particularmente eminente de verdades das quais a experiência não poderia ser o fundamento. Foi esse resultado que interessou particularmente os pensadores que formavam o chamado "Círculo de Viena", nos anos 20. Esses pensadores buscavam desenvolver uma "concepção científica do mundo" na qual só as ciências fundadas na experiência (a física, a química, etc.) eram julgadas em condições de produzir verdades, e na qual, obviamente, a "metafísica" era desqualificada. É claro que, ao eliminar a dificuldade que a lógica e a matemática apresentavam para o empirismo, o *Tractatus* surgiu, para os membros do Círculo de Viena, como um aliado precioso contra a "metafísica". Eis por que, como vimos, foram estabelecidos contatos com Wittgenstein no final dos anos 20, para que fosse expor e explicar seu *Tractatus* diante do Círculo.

De forma mais geral, a metafísica, na ótica de Wittgenstein, surge no momento em que se tenta discorrer sobre a forma lógica, e isso diz respeito, em primeiro lugar, às "propriedades formais" dos "objetos" e dos estados de coisas em que podem entrar. Vimos acima como se chega a enunciar, a título de proposições pretensamente "necessárias", essas propriedades formais que deveriam ser imediatamente apreendidas logo que se utiliza significativamente tal ou tal expressão.

> Quando algo cai sob um conceito formal [isto é, uma propriedade formal] como um de seus objetos, isso não pode ser expresso com auxílio de uma proposição, mas se mostra no próprio signo desse objeto (Um nome mostra que designa um objeto, um numeral que designa um número, etc.).[13]

"Ser um objeto", "ser um número", para retomar esses exemplos, não são propriedades que alguma coisa tem

---

13. *Tractatus*, 4.126.

no mesmo sentido em que se pode dizer de uma mesa que ela é redonda ou quadrada. Ao confundir esses dois tipos de propriedades, compromete-se com um discurso que parece ter sentido embora de fato não tenha. É por isso que o *Tractatus* conclui com esta observação sobre a tarefa da filosofia (no sentido de Wittgenstein):

> O método correto em filosofia seria propriamente o seguinte: não dizer nada senão o que se deixa dizer; portanto, proposições da ciência natural – ou seja, alguma coisa que não tem nada a ver com filosofia –, e então, sempre que alguém quiser dizer algo metafísico, mostrar-lhe que não deu significado a certos signos que figuram em suas proposições.[14]

O leitor pode ficar surpreso, e com razão: o próprio *Tractatus* não discorreu sobre os objetos, as funções, a forma da proposição, etc., isto é, todas as coisas sobre as quais não pode haver, segundo o próprio Wittgenstein, um discurso significativo? Certamente, e é por isso que, após a observação que acabamos de citar, nosso autor acrescenta:

> Minhas proposições são elucidadoras pelo fato de que quem as compreende as reconhece, ao fim e ao cabo, como contra-sensos, após ter se elevado acima delas por meio delas e com o auxílio delas. (É preciso, por assim dizer, jogar fora a escada após ter subido por ela.)[15]

Compreender o *Tractatus*, assim, é saber se calar.

---

14. *Tractatus*, 6.53.
15. *Tractatus*, 6.54.

4
"Retorno ao solo rugoso!"[1]

1. *Os erros do* Tractatus

Durante dez anos, Wittgenstein efetivamente se calou, mas a seguir pôs-se de novo a "filosofar". Se ele pensava ter resolvido todos os problemas, por que, então, não se calou definitivamente? A nova arrancada de Wittgenstein em 1928-29 ligou-se inicialmente aos pedidos de esclarecimento que lhe eram endereçados pelos membros do Círculo de Viena. Pouco a pouco, ao longo das discussões que teve com alguns deles, mas, sobretudo, com o jovem filósofo e matemático Frank P. Ramsey e com um economista de Cambridge, Piero Sraffa, Wittgenstein compreendeu, segundo seu próprio testemunho, no prefácio às *Investigações filosóficas*, que havia no *Tractatus* "muitos erros".

No essencial, esses "erros" estavam no núcleo de uma das teses centrais do *Tractatus*, que Wittgenstein expressou assim:

Há uma e apenas uma análise completa da proposição.[2]

---

1. *Investigações filosóficas*, § 107.
2. *Tractatus*, 3.25.

Vimos anteriormente que é só quando se admite esse postulado que podemos estar seguros do caráter representacional de uma figura ou de uma proposição na qual figuram "nomes" complexos. Ao reconhecer que se tratava de erros, Wittgenstein abandonou de uma só vez essa tese e, portanto, um dos pivôs de sua primeira obra. Vejamos rapidamente quais são esses "erros".

O primeiro e o mais importante é a tese da independência das proposições elementares, isto é, a tese segundo a qual a verdade ou a falsidade de uma proposição elementar não depende da verdade ou da falsidade de uma outra proposição elementar, à qual faz eco a tese de que há apenas duas possibilidades para um estado de coisas: estar ou não estar realizado, independentemente do fato de que um outro estado de coisas esteja ou não realizado. Disso decorre que uma proposição elementar não pode contradizer outra proposição elementar, e que uma proposição elementar não pode ser inferida de uma ou de outras proposições elementares. Segundo o *Tractatus*, não há relação *lógica* (de contradição ou inferência) entre proposições elementares.

Wittgenstein terminou por rejeitar essa tese levando em conta proposições como *a linha L mede 1,35 m* ou *a mancha M é verde*. Da verdade dessas proposições parece seguir-se necessariamente que *L mede 1,36 m* e *M é vermelha* são falsas. Ou seja, *L mede 1,35 m* contradiz *L mede 1,36 m*. No *Tractatus*, essa aparente contradição levou Wittgenstein a afirmar que na realidade as proposições desse gênero não eram elementares, supondo com isso que, se fossem analisadas, chegar-se-ia a proposições que não mais se contradiriam. Ele acabou por convencer-se de que isso não era possível porque, no final das contas, seria preciso admitir que mesmo no nível mais elementar reencontrar-se-iam contradições do mesmo gênero: se, por exemplo, dissermos que as coordenadas de um ponto P em um sistema de referência tridimensional são [x, y, z], isso contradiz imediatamente a proposição que afirma que, simultaneamente, as coordenadas de P no mesmo sistema são [(x + 1), y, z].

Deve-se portanto admitir que há relações lógicas também entre proposições elementares, o que equivale a admitir que as proposições elementares não são independentes. A conseqüência imediata, então, é que o que se compara com a realidade não é uma proposição "isolada", mas um sistema de proposições e, mais particularmente, que as relações lógicas não se mostram todas elas na notação tabular utilizada no *Tractatus*. Em suma, a "lógica" ultrapassa em muito o mero domínio das proposições moleculares consideradas como funções de verdade das proposições elementares que as compõem.

O segundo "erro" do *Tractatus* consiste em ter suposto que proposições gerais como *todos os homens são mortais* são apenas expressões abreviadas para conjunções (ou disjunções, no caso de proposições como *há bolas na caixa*). Em certo sentido, Wittgenstein terminou por reconhecer, assim, a pertinência do argumento de Russell que evocamos anteriormente (p. 111). Essa reviravolta pode se explicar da seguinte maneira: admitir a tese do *Tractatus* consiste em admitir que uma proposição geral é "vaga", no sentido de que ela deixa algo indeterminado. Por exemplo, se dizemos que há bolas na caixa, não especificamos quantas bolas estão contidas na caixa nem onde elas se situam precisamente. Seria preciso, então, para que o sentido do que dizemos seja perfeitamente determinado, especificar o número de bolas e sua localização exata na caixa (e, sem dúvida, outras coisas mais). Isso forneceria uma proposição do tipo *a bola A está nas coordenadas [x, y, z] ou a bola A está nas coordenadas [x', y', z'] ou ... etc. ou a bola B está nas coordenadas [u, v, w] ou a bola B está nas coordenadas [u', v', w'] ou ... etc.* A questão é então saber se com isso dizemos a mesma coisa (com mais precisão) que queríamos dizer quando dissemos que havia bolas na caixa. Na maioria das vezes, se formos cautelosos, chegaremos a uma resposta negativa: por exemplo, nós queríamos apenas dizer que a caixa não estava vazia (e, conseqüentemente, não poderíamos utilizá-la como embalagem a menos que a esvaziássemos), ou que não se deveria brincar com ela (pois as bolas poderiam espalhar-se no chão e provocar a queda da tia Noêmia).[3]

A transcrição em disjunção não pode, portanto, ser considerada como dizendo a mesma coisa que a proposição inicial alegadamente "vaga". Uma proposição geral pode ter um sentido perfeitamente determinado que não é restituído pela análise que o *Tractatus* supunha necessária. A conseqüência imediata dessa observação é que o sentido de uma proposição desse gênero não depende (somente) de suas condições de verdade, mas igualmente do contexto no qual ela é enunciada e do uso que dela se faz nesse contexto.

Que o reconhecimento desses dois "erros" deixa em má situação o postulado da análise é bem claro: no primeiro caso somos obrigados a reconhecer que o valor de verdade de uma proposição molecular não depende somente do valor de verdade das proposições elementares de que é composta (princípio de verifuncionalidade). Se a verdade ou a falsidade de uma proposição elementar não depende unicamente da existência ou da inexistência do estado de coisas que ela representa – mas depende igualmente da verdade ou da falsidade de outras proposições elementares – , então o mesmo ocorre para uma

---

3. A questão de saber se uma proposição analisada diz a mesma coisa que a mesma proposição não analisada foi levantada pelo filósofo inglês George Moore e debatida sob o título de "paradoxo da análise".

proposição molecular em que figura essa proposição elementar. Nesse sentido, a análise da proposição molecular não permite descobrir as condições de verdade e, em particular, não é mais possível exibir essas condições de verdade no próprio simbolismo.

A mesma conclusão se obtém de forma ainda mais clara do abandono da tese do *Tractatus* do caráter verifuncional dos quantificadores, pois esse abandono conduz simplesmente a recusar que se possa reduzir as proposições gerais a proposições elementares.

Ao pôr em questão o postulado da análise, Wittgenstein arruinou uma boa parte da teoria do *Tractatus*, em particular tudo o que dizia respeito à tese de que o sentido de qualquer proposição consiste em suas condições de verdade, e seu corolário, que emprestava toda a força a essa tese, de que devia ser possível exibir, em um simbolismo correto, as condições de verdade de todas as proposições não-elementares. Pode-se até mesmo dizer que as conseqüências disso recaem sobre o próprio estatuto do trabalho de esclarecimento que o *Tractatus* tentou levar a cabo. Mais exatamente, isso põe sob uma luz implacável uma das dificuldades principais dessa obra, dificuldade que se achava mascarada pelo seu aparente sucesso.

Recorde-se que um dos resultados da teoria da proposição do *Tractatus* é que uma proposição "mostra" seu sentido (isto é, suas condições de verdade), ou seja, uma proposição elementar mostra que ela representa um estado de coisas, e uma proposição molecular mostra com quais possibilidades de verdade das proposições elementares que a compõem ela concorda. Recorde-se também que o *Tractatus* opõe muito claramente o que "se mostra" e o que "pode ser dito", de modo que não se pode dizer nada, não se pode falar, do que se mostra. Resulta disso que o fato de que uma proposição tenha um sentido é algo do qual nada pode ser dito, algo que deveria se mostrar por si mesmo "na" proposição. De forma mais geral, isso conduz à idéia de que não é possível elaborar uma "teoria" que buscasse estabelecer o que significa dizer que uma proposição tem sentido, e em que condição tem um sentido.

Ora, é precisamente isso que tentou fazer o *Tractatus* com a teoria pictórica da proposição. Compreende-se assim que, rigorosamente, as proposições que compõem essa obra não têm definitivamente nenhum sentido, pois elas permitem falar do que se deveria mostrar "silenciosamente". É exatamente isso que enfatiza o próprio Wittgenstein, na penúltima observação que citamos no fim do capítulo anterior.

Admitamos essa curiosa denegação, e, também, que jogamos fora a escada depois de subir por ela. Mas permanece uma questão que não se pode deixar de levantar: se Wittgenstein acreditava que não era completamente inútil escrever o *Tractatus*, é porque muito freqüentemente, como ele próprio escreveu, "não compreendemos a lógica de nossa linguagem"[4]; como vimos, entre aqueles que não a compreendem, devem-se contar os filósofos. Isso equivale a afirmar que estamos em condições de construir em nossas linguagens proposições mostrando um sentido que de fato elas não podem mostrar, precisamente porque não o têm. Ao dizer que elas "mostram um sentido", estamos sem dúvida fazendo um jogo de palavras; deveríamos dizer que elas apenas aparentam mostrar um sentido. Talvez pudéssemos invocar alguma teoria psicológica para explicar essa curiosa situação.

Isso, contudo, ainda não é o problema maior. A dificuldade fundamental é que a teoria do sentido proposicional desenvolvida no *Tractatus* leva a considerar que não há nada *antes* do "sentido". Que uma proposição

---

4. *Tractatus*, 4.003.

tenha sentido é algo que não pode ser estabelecido nem justificado; ela tem ou não tem um sentido, e esse é um fato último. A única coisa que podemos dizer quanto a isso é que *constatamos* que a proposição é compreendida, mas isso é apenas o reconhecimento de um fato. Observamos agora que compreendemos uma proposição como $\sqrt{3}$ *é um número*. Deveríamos então concluir daí que essa proposição tem sentido. Ora, se aceitarmos a teoria do *Tractatus*, deveríamos admitir que esse não é o caso. Mais precisamente, deveríamos admitir que é preciso *esperar* até ter lido o *Tractatus* para nos fixarmos na questão de saber se ela tem ou não tem um sentido; isso significa, portanto, que não nos contentamos em constatar que ela tem um sentido, mas que procuramos estabelecer isso.

Dessa forma, a leitura do *Tractatus* nos leva a adotar, diante de proposições desse tipo, uma posição que a concepção de sentido proposicional que nele é desenvolvida nos proíbe de adotar... Essa dificuldade encontra expressão em uma curiosa observação feita por Wittgenstein e que parece contradizer tudo o que ele procura estabelecer em sua obra:

> De fato, todas as proposições de nossa linguagem ordinária, tal como são, estão em perfeita ordem lógica.[5]

Seria possível, é claro, buscar uma forma de contornar essa evidente dificuldade. O que o *Tractatus* pretende exibir é, nem mais nem menos, a essência de *toda* linguagem, ou, se se preferir, o que faz que em uma linguagem *qualquer* seja possível construir proposições que não sejam simples seqüências de ruídos ou sinais gráficos. Ao admitir que todas as proposições elementares são, em geral, da forma "as coisas estão de tal modo", e que

---

5. *Tractatus*, 5.563.

as demais proposições são "funções de verdade" de proposições elementares, o *Tractatus* atinge um nível que é efetivamente independente de toda linguagem particular. Para convencermo-nos disso, basta considerar que a tabela das dezesseis funções de verdade que construímos no capítulo anterior esgota *a priori* todas as funções de verdade possíveis, fazendo apelo apenas a considerações combinatórias.

Essa "essência", ou "lógica", de toda linguagem está "submersa" nela e não é, em particular, visível nas linguagens ordinárias. É por isso que, a menos que tenhamos lido o *Tractatus*, nem sempre compreendemos a lógica dessas linguagens e nos perdemos em vãs especulações. Rigorosamente, portanto, deveríamos admitir que, quando enunciamos os contra-sensos filosóficos, não estamos enunciando "genuínas" proposições, mesmo que, iludidos por nossa incompetência lógica, tenhamos a impressão de que se trata de proposições perfeitamente respeitáveis. Em contrapartida, quando formulamos uma "genuína" proposição, tudo está em ordem, e nosso trabalho de análise é apenas uma maneira de trazer à luz aquilo que *de fato* dissemos. Daí, pode-se admitir que o *Tractatus* parte justamente do *fato* de que há sentido, e se contenta em buscar mostrar, em geral, o que isso pressupõe; com isso ele busca trazer à luz o que todos nós admitimos implicitamente tão logo enunciamos proposições.

Esse tipo de considerações, que podem sem dúvida ser refinadas, deixa contudo subsistir o essencial da dificuldade, a saber, que exibindo dessa forma a essência da linguagem somos infalivelmente conduzidos a nos situar *antes* do fato do sentido, pois somos levados, em nome de nossa teoria, a distinguir entre "ter sentido" e "parecer ter sentido"; entre proposições genuínas e pseudoproposições.

Uma dificuldade como essa só aparece como relativamente de pouca importância porque o *Tractatus* fornece efetivamente uma "teoria" que resulta na possibilidade de se construir um simbolismo no qual as condições de verdade das proposições *se mostram*. Que essa teoria pudesse estar, ela mesma, fora de prumo é como que compensado pelo fato de que ela permite construir um simbolismo, ou dar dele uma idéia, no qual o estatuto "do que só pode se mostrar sem dizer" é perfeitamente respeitável. É verdade que todas as proposições do *Tractatus* são desprovidas de significado, mas, tão logo tenhamos apreendido aquilo a que devíamos chegar, estaremos de posse de um resultado inatacável.

É claro, então, que a reviravolta operada por Wittgenstein no início dos anos 30 não mais permite sustentar uma posição como essa, pois ela leva a desqualificar o resultado positivo ao qual o *Tractatus* chegara, e a revelar plenamente o que a teoria vericondicional do sentido da proposição tinha de redutor e de simplificador. Tentemos precisar melhor o que deve ser abandonado e o que subsiste dessa primeira obra quando se rejeita o postulado da análise.

Sobre o primeiro ponto, o que já dissemos leva a não mais admitir que haja uma "essência" da linguagem independente de qualquer linguagem particular histórica e geograficamente situada. Como se recorda, uma tal idéia só vale se for possível construir *a priori* e de maneira completa o conjunto das proposições que podemos formar a partir das proposições elementares, enquanto função de verdade destas últimas. É precisamente este último ponto que é posto em questão pela rejeição do postulado de análise. Isto leva, portanto, a recusar a idéia de que a "lógica de nossa linguagem" possa se manifestar em sua totalidade e de uma vez por todas. Ao contrário, devemos reconhecer que há, entre certas proposições que podemos formar em nossas linguagens ordinárias, relações lógicas que Wittgenstein também denominou relações internas, que são "irredutíveis", no sentido de que não se pode reportá-las ao cálculo de funções de verdade. Resta saber como poderíamos exibir essas relações, já que não mais dispomos de *uma* forma geral da proposição, e, mesmo, de forma mais ampla, se é necessário tentar fazê-lo.

Pois (e este é o nosso segundo ponto) a rejeição do postulado da análise não afeta um outro ponto essencial do *Tractatus*, a saber, a idéia de que o que dizemos tem sentido em função de um certo número de restrições *a priori*, que Wittgenstein denominava, em sua primeira obra, a "forma lógica". Essa idéia, que poderia parecer um pouco misteriosa no *Tractatus*, encontra finalmente um equivalente em uma característica completamente trivial de nossas linguagens ordinárias.

Não podemos "começar" a falar de maneira significativa, não podemos enunciar proposições dotadas de sentido, a não ser quando admitimos de antemão – e, em geral, sem ter necessidade de dizê-lo – as regras da gramática da linguagem na qual nos exprimimos. Isso não é muito extraordinário, mas não deixa de ter um certo interesse: se queremos nos fazer entender por outros, é preciso que aceitemos tacitamente e, na maior parte do tempo, sem discussão, as regras que permitem, justamente, que uma discussão se estabeleça. O interessante é precisamente isso: podemos discutir tudo, salvo as regras da gramática que condicionam de antemão o fato de que enunciamos proposições dotadas de sentido. Para dizer de uma forma figurada, só poderíamos discutir a gramática se dispuséssemos de uma linguagem "pré-gramatical", ou "agramatical", de uma linguagem que não seria ainda uma linguagem, o que é um absurdo.

É verdade que há pessoas bem-intencionadas que discorrem sobre a gramática de nossas línguas ordinárias e procuram estabelecer quais são suas regras. Contudo, é evidente que não podem fazê-lo a menos que aceitem, também elas, sem discussão, essas regras. Se, por exemplo, um gramático afirma que "uma proposição deve ser composta de um sintagma nominal e um sintagma verbal", ele pressupõe que seu leitor e ele próprio admitem essa regra, dado que ele a segue na própria proposição que acaba de afirmar e dado que se espera que o leitor compreenda essa mesma proposição. Suponhamos que alguém quisesse pôr em questão essa regra – isso só poderia ser feito construindo-se proposições que seriam compostas de um sintagma nominal e de um sintagma verbal...

A "forma lógica" do *Tractatus* dava lugar, no fundo, a uma gramática purificada e supostamente comum a todas as linguagens. Tratava-se, em certo sentido, de construir uma "gramática lógica", tal que se pudesse saber, para cada proposição construída, quais são suas condições de verdade. Que essa ambição não seja mais admissível após a rejeição do postulado da análise em nada muda o fato de que só nos é possível enunciar proposições significativas com base na admissão tácita de todo tipo de regras. Reencontramos aqui um dos temas centrais do *Tractatus*, a saber, que não podemos *dizer* nada sobre a "condição" do sentido simplesmente porque não podemos nos situar *aquém* do sentido.

A exibição, no *Tractatus*, da forma lógica não estava de início motivada por uma simples preocupação teórica – tratava-se primariamente de pôr um fim às dificuldades filosóficas que surgiam de uma má compreensão da "lógica de nossa linguagem" e de circunscrever o que se pode dizer com sentido, de traçar "a partir do interior", como diz Wittgenstein, os limites do dizível. Isso era necessário, ao que parece, exatamente porque a gramática superficial de nossas linguagens ordinárias mascarava a verdadeira "forma lógica" e levava em particular os filósofos a tentar discorrer sobre o que decorre do que deveria se mostrar e do qual nada há a dizer. Mas o que ocorre com esse trabalho de esclarecimento ao se reconhecer que não se pode encontrar essa forma lógica e que há, entre certas proposições de nossa linguagem ordinária, relações lógicas de inferência e contradição que não podem ser "previstas" de antemão? Isso não nos deveria levar a admitir que a linguagem ordinária, tal como ela é, está "perfeitamente em ordem" e que, em conseqüência, podemos confiar nela? Sim e não.

Sim, se entendermos por "linguagem" ordinária aquela de que fazemos uso quotidianamente, na vida do dia-a-dia, quando discutimos com os outros os acontecimentos da vida e do mundo. Não, se consideramos o uso estranho e muitas vezes incompreensível que se pode fazer da linguagem em certas circunstâncias, em particular nas assim chamadas "discussões" filosóficas, no curso das quais são levantadas questões a que, na maior parte das vezes, é impossível responder de maneira sensata. O que Wittgenstein denomina a "doença" filosófica não pode, é verdade, ser tratada exibindo-se de uma vez por todas *a* forma lógica submersa em nossas linguagens ordinárias. Isso não quer dizer, entretanto, que seja necessário abandonar a idéia de que há uma "lógica" da linguagem que restringe de antemão o que pode ser dito com significado, pois, como acabamos de lembrar, é preciso que admitamos tacitamente todo tipo de regras antes de poder "começar" a enunciar qualquer coisa. Dessas regras não podemos, tampouco, dizer nada de significativo, mas é justamente isso que tenta fazer o filósofo "doente", pois ele confunde aquilo que é apenas condição de um discurso significativo com o que pode ser objeto de uma discussão.

No fundo, o resultado fundamental do *Tractatus*, que Wittgenstein não põe em questão, é exatamente essa distinção entre, de um lado, o que pode ser dito e diz respeito a alguma coisa no mundo e, de outro lado, o que só pode se mostrar, pois constitui algo que devemos admitir sem discussão tão logo pretendamos enunciar uma proposição significativa. As dificuldades filosóficas sempre dizem respeito a essa confusão entre os dois níveis, e é importante, portanto, caso se queira pôr termo a essas dificuldades, exibir claramente o que decorre de "o que se mostra" em oposição a "o que pode ser dito".

2. A "gramática"

A partir do início dos anos 30, Wittgenstein utiliza o termo "gramática" para designar o conjunto de regras que condicionam um discurso significativo.

A "gramática", no sentido de Wittgenstein, não é evidentemente aquela que aprendemos na escola primária (daqui em diante, para distinguir esses dois sentidos de "gramática", colocaremos esse termo entre aspas sempre que o utilizarmos no sentido especial que lhe dá Wittgenstein). Para compreender o que Wittgenstein entende por "gramática", tomemos um exemplo próximo do que já utilizamos. Quando dizemos que uma haste mede 1,30 m, podemos concluir disso imediatamente que ela não mede nem 1,31 m nem 1,29 m. Poderíamos tentar explicar isso dizendo que nenhuma haste pode ter simultaneamente dois comprimentos distintos. Uma proposição desse gênero, como notamos, parece indicar uma propriedade *necessária* ou, se se preferir, *essencial* de toda haste. Mas, para Wittgenstein, trata-se de uma proposição gramatical, que enuncia sob uma forma falaciosa algo que não passa de uma regra da "gramática". Se violarmos essa regra disfarçada, incorremos em contra-senso. Para ver isso, basta que perguntemos o que pode significar uma proposição do tipo *esta haste mede simultaneamente 1,30 m e 1,29 m*. Pode-se sem dúvida encontrar circunstâncias nas quais seríamos levados a formular uma proposição como essa; por exemplo, Alfredo mede a haste e encontra 1,30 m, e logo a seguir Júlio a mede e obtém 1,29 m. Ernesto ri e diz, zombando de Alfredo e Júlio: "Então, é assim, esta haste mede simultaneamente 1,30 m e 1,29 m!"; após o que, Alfredo e Júlio, envergonhados, realizam novas medidas e chegam a um mesmo resultado: a haste mede de fato 1,31 m. A frase dita por Ernesto é evidentemente um absurdo, algo que não tem nenhum sentido e é exatamente assim que a compreendem nossos dois amigos.

Ao dizer que essa é uma regra gramatical disfarçada, Wittgenstein quer dizer que uma proposição como essa nada mais faz que enunciar o que entendemos por "comprimento de uma haste" e, mesmo, de modo mais geral, por "haste". Uma regra gramatical desse tipo explicita um dos componentes do sentido que damos a "haste" e que pressupomos tacitamente sempre que utilizamos o termo. Se alguém pretendesse seriamente que esta ou aquela haste têm simultaneamente dois comprimentos diferentes, é porque, de fato, não está dando a "haste" seu sentido habitual; seríamos então levados a pedir-lhe que indicasse que sentido dá a esse termo. Como se vê, a "gramática" diz respeito menos à sintaxe da linguagem que a sua semântica.

Note-se que, mesmo respeitando as regras da gramática, podemos ainda assim estar infringindo as regras da "gramática".

E é isso que fazem freqüentemente os filósofos que pensam que uma proposição "gramatical", como essa que tomamos como exemplo, enuncia algo de muito profundo concernente à essência de toda haste. Se uma confusão como essa é possível, é porque, como vemos no exemplo que acabamos de apresentar, se está enunciando sob a forma de uma proposição algo que, de fato, é apenas uma regra. A proposição *nenhuma haste pode ter simultaneamente dois comprimentos distintos* assemelha-se à proposição *nenhum corvo é branco* ou à proposição *nenhum carvalho brota no deserto do Saara.* Estas últimas proposições exprimem algo que é o caso no mundo e que poderia não ser o caso, e é por isso que podemos dizer, após nos certificarmos, que elas são verdadeiras. Poderia parecer então perfeitamente razoável colocar-se a questão de saber se não há, efetivamente, alguma haste que apresente simultaneamente dois comprimentos distintos. Ao responder afirmativamente, podemos ter a impressão de que esta proposição é verdadeira no mesmo sentido em que dizemos que a proposição *nenhum corvo é branco* é verdadeira. A única diferença que se descobre é que, em vez de afirmar um "fato contingente", ela afirma um "fato necessário". A questão é saber, então, de que decorre uma tal necessidade, e é aí que os problemas começam.

O que o filósofo não vê não é tanto a "forma lógica" que o *Tractatus* pretendia exibir, mas, mais modestamente, o lugar que ocupam na linguagem proposições como "nenhuma haste tem simultaneamente dois comprimentos distintos". Mais do que "dizer" alguma coisa relativa à medida das hastes, essa proposição enuncia uma proibição: "não se pode dizer de uma haste etc.", o que aparece se se prestar atenção ao uso (sem dúvida raríssimo) que poderíamos ser levados a fazer dessa proposição. O fato de formular uma tal proibição como se se tratasse de uma propriedade (essencial) de toda haste é evidentemente enganador, mas podemos nos livrar da ilusão de que se trata de uma proposição "ordinária" remetendo-a a seu lugar no conjunto do que dizemos (ou não dizemos) das hastes e de seu comprimento. Parece, nesse momento, que ela não exprime nada de extraordinário; mas apenas que, se dizemos que uma haste tem simultaneamente dois comprimentos distintos, é porque não estamos falando daquilo que normalmente se entende por uma haste.

Estamos aqui em uma situação análoga à de alguém que pretendesse que a torre, no jogo de xadrez, pode se mover em diagonal; ao dizer isso não se está dizendo alguma coisa falsa a respeito da torre, mas apenas mudando as regras do jogo, ou, se se quiser, apenas falando da torre em um outro jogo distinto do que habitualmente jogamos. É verdade que, se pretendemos jogar xadrez, então não sabemos o que fazer com essa proposição, e o mais verossímil, por ser mais cômodo, é que pediremos a nosso interlocutor que se disponha a admitir, durante toda a duração do jogo, que a torre não se move em diagonal. Exatamente como pediríamos a alguém que pretende que uma haste pode ter simultaneamente dois comprimentos que se dispusesse a utilizar a palavra "haste" no sentido habitual, sentido esse que exclui que se possa dizer de uma haste que... etc.

Essa maneira de enfrentar as confusões filosóficas assemelha-se apenas parcialmente à adotada por Wittgenstein no *Tractatus*. Nessa primeira obra, o filósofo doente devia curar sua doença filosófica apreendendo a genuína "forma lógica" daquilo que dizemos (ele precisaria, para isso, ter lido o *Tractatus*) e compreendendo, então, que a linguagem ordinária o levava a falar do que diz respeito à forma; algo que só pode ser mostrado. Trata-se então, para ele (ajudado eventualmente pela leitura dos escritos wittgensteinianos), de tentar adotar o que nosso autor chama um ponto de vista sinóptico sobre nossos usos da linguagem, de modo a compreender que estava confundindo o que não passa de uma maneira de determinar a significação das palavras por meio das proposições ordinárias com aquelas que falam do mundo e do que é o caso. Com isso, ele compreenderá que o que tomava por algo de muito "profundo" não passa, como diz Wittgenstein, de um "gracejo gramatical".

Percebe-se então que, se o objetivo continua no fundo o mesmo, modificaram-se profundamente os meios para atingi-lo, e isso sem dúvida tem conseqüências tanto para a maneira de fazer filosofia de Wittgenstein quanto para um certo número de suas "posições filosóficas" (expressão que ele rejeitava vigorosamente).

A filosofia, tal como Wittgenstein a pratica daí em diante, só pode ser descritiva e deve se resguardar contra toda tentativa de teorização. Ao contrário do *Tractatus* que, talvez mesmo contra sua vontade, oferecia o que se pode chamar uma teoria da significação, nosso autor pretende agora apenas descrever nossos usos da linguagem. Seu objetivo último não é revelar alguma coisa que o leitor ou o ouvinte deveria descobrir, mas sim lembrá-lo daquilo que ele já "sabia", e que de fato não podia deixar de "saber", dado que domina a linguagem em que se expressa. "Saber" não é aqui um termo muito apropriado; não se trata tanto de um saber no sentido em que se pode falar de um saber científico, mas de uma familiaridade, uma conivência com o que guia o uso que fazemos das palavras. A doença filosófica decorre essencialmente do esquecimento, no momento em que se filosofa, daquilo que constitui a maneira pela qual empregamos significativamente as palavras fora do discurso filosófico. A terapêutica wittgensteiniana consiste então essencialmente em "acumular as lembranças"[6], a remeter os grandes discursos do filósofo a seu ambiente cotidiano e ordinário, para que ele compreenda que seus problemas provêm apenas de uma visão parcial e insuficiente da gramática desses grandes discursos.

Nesse sentido, a estratégia do segundo Wittgenstein não cai nas mesmas dificuldades do *Tractatus* que levaram Wittgenstein a reconhecer que suas proposições não tinham sentido. Como vimos, a "teoria" do *Tractatus* só podia se situar antes do fato do sentido, mesmo chegando

---

6. *Investigações filosóficas*, § 127.

à conclusão de que não era possível dizer nada dotado de sentido acerca do que só pode se mostrar, a saber, precisamente, o sentido da proposição. A estratégia descritivista adotada pelo segundo Wittgenstein não visa absolutamente fornecer uma teoria da significação; trata-se somente de fazer o filósofo doente observar que, ao apegar-se de forma exclusiva a tal ou tal formulação aparentemente capaz de expressar coisas muito fundamentais, ele se esqueceu de que não se trata nesses casos senão de uma maneira de determinar o sentido do que dizemos; algo com que ele não poderia deixar de concordar se estiver minimamente inclinado a adotar uma perspectiva mais ampla sobre o funcionamento de nossa linguagem. Não é, assim, em nome de uma teoria da significação qualquer que somos levados a fazer uma separação entre sentido e falta de sentido, mas apenas em nome de algo que já "sabemos" sempre que nos exprimimos em uma linguagem particular, mas que os filósofos têm uma deplorável tendência a esquecer quando começam a filosofar.

3. *O arbitrário da gramática*

Seria essa maneira wittgensteiniana de filosofar tão inocente quanto pretende nosso autor? Não carrega ela consigo uma multidão de concepções que são menos evidentes do que desejaria Wittgenstein? Pode-se, de fato, perguntar o que o autoriza – na ausência de uma teoria como a desenvolvida no *Tractatus* – a considerar que os problemas filosóficos não passam de "questões verbais".[7] E mesmo que se tratasse apenas de questões verbais, por que não se poderia legitimamente pedir uma justificação para isso que Wittgenstein supõe não serem mais que regras de "gramática"? Por exemplo, não parece estranho

---

7. *Investigações filosóficas*, § 120.

que se admita que o significado da palavra "haste" implique que só pode designar coisas que não têm jamais dois comprimentos distintos ao mesmo tempo? Não decorreria isso, exatamente, do fato de que *na realidade* uma haste tem essa propriedade?

A estratégia de Wittgenstein só funciona se for capaz de evitar esta última questão, mas isso significa fazer os filósofos admitirem que as regras de nossa "gramática" não estão "fundadas" em nenhuma realidade; em suma, que elas são perfeitamente *arbitrárias*.

Dizer que as regras "gramaticais" são arbitrárias, como repete freqüentemente Wittgenstein, pode significar duas coisas. De um lado, pode significar que nós "escolhemos", livremente e sem nenhuma razão, esta regra de preferência àquela outra. Em conseqüência, poderíamos perfeitamente ter adotado outras, a nosso capricho, e poderíamos até mesmo decidir a qualquer momento mudar as que escolhemos, assim como podemos mudar as regras de um jogo. Por exemplo, poderíamos, se nos puséssemos de acordo, mudar as regras que determinam a significação de "haste" e admitir a proposição de que uma haste pode ter simultaneamente dois comprimentos. Essa conclusão parece muito difícil de aceitar, pois parece afirmar que cabe a nós decidir se uma haste pode ter ou não dois comprimentos simultaneamente!

Por outro lado, isso também pode significar algo mais modesto, embora mais interessante. Dizer que a regra de um jogo é arbitrária pode significar apenas que não podemos justificá-la, sem que disso decorra imediatamente que ela pode ser modificada à vontade. No caso das regras da "gramática", isso significa, da mesma maneira, que, no final das contas, elas estão desprovidas de fundamento. O que justifica tal afirmação é uma constatação bem simples: suponhamos que se queira justificar a regra relativa ao comprimento de uma haste considerando as hastes "em si mesmas", e indo "à realidade" para observar o que se passa com elas. Nesse caso seria preciso determinar se o que eu observo, por exemplo, é realmente uma haste, mas isso pressupõe que eu saiba de antemão o que se entende por "haste". Ora, entende-se por "haste" algo que não pode ter simultaneamente dois comprimentos distintos. Portanto, se eu encontrar alguma coisa que tem dois comprimentos etc., ela não será o que se entende por "haste", e eu não poderia dizer, portanto, que encontrei efetivamente uma haste que tem simultaneamente dois comprimentos.

Vê-se perfeitamente que estamos aqui andando em círculos: para saber o que devo procurar, devo saber o que significa a palavra "haste", mas saber isso implica excluir de antemão a possibilidade de se encontrar uma haste que tenha simultaneamente dois comprimentos, pois precisamente por essa razão essa coisa não será uma haste (ou o que se "chama" uma haste). Não tenho, portanto, nenhuma oportunidade de encontrar uma haste que tenha simultaneamente dois comprimentos. Mas não significa isso que é assim que as hastes são na realidade? É claro que não; significa apenas que a "gramática" da palavra "haste" é tal que não denominaremos "haste" algo que pode ter diversos comprimentos simultaneamente. Se o fizéssemos, isso quereria apenas dizer que demos um outro significado à palavra "haste". Não saímos, portanto, para fora da "gramática". Como diz Wittgenstein em um texto do início dos anos 30:

> A gramática não tem contas a prestar à realidade. As regras gramaticais nada mais fazem que determinar o significado (que o constituir); por isso não são responsáveis perante o significado, e nessa medida são arbitrárias.[8]

---

8. *Gramática filosófica*, I, § 133.

Para esclarecer este ponto fundamental, Wittgenstein compara às vezes uma regra de "gramática" a uma unidade de medida: a escolha de uma unidade de medida torna possível, por exemplo, medir uma haste, e a medida obtida poderá ser dita correta ou incorreta. No entanto, a escolha de tal unidade de preferência a tal outra não é a escolha de uma unidade mais ou menos "correta" que outra. Para dizer em outras palavras, uma vez que adotarmos tal ou tal unidade, podemos começar a medir hastes ou o que quer que seja, mas não podemos com certeza medir o que nos serve para medir. Isso conduz Wittgenstein à afirmação, de resto um pouco provocativa, de que o metro padrão conservado no Pavilhão de Sèvres não mede, ele próprio, um metro, pelo fato de que o consideramos como aquilo a que temos de nos referir se quisermos saber o que é um metro, ou seja, precisamente, como metro *padrão*.

A arbitrariedade da "gramática" não é, na verdade, uma tese que Wittgenstein defenderia; na perspectiva de nosso autor ela não é nem mesmo uma tese, mesmo que as observações precedentes ofereçam, aparentemente, um argumento em favor dessa arbitrariedade. Trata-se, antes, de algo que somos levados a reconhecer tão logo ampliemos nossa perspectiva sobre o funcionamento de nossa linguagem. A descrição de nossos usos lingüísticos que Wittgenstein tenta fornecer chega ao ponto em que nos apercebemos de que, se quisermos continuar a buscar uma justificação, não poderíamos fazer mais que pressupor aquilo mesmo que estamos procurando justificar, como vimos no exemplo da haste. Nesse ponto deveríamos nos deter e parar de "cavoucar", pois, se continuássemos, seríamos inevitavelmente remetidos de volta à superfície.

A "doença" filosófica caracteriza-se principalmente por essa tendência a não saber se deter na busca das razões ou justificações. O filósofo preocupa-se ordinariamente com o "fundamento", ele busca sem cessar uma rocha sólida sobre a qual se erigiria o edifício do mundo e do conhecimento que temos dele. Essa busca de um fundamento último leva-o a dar de encontro com o que Wittgenstein chama "os limites da linguagem" e a tentar rompê-los, ganhando com isso apenas galos na testa. Curar a doença filosófica consiste, portanto, em tentar exibir esses limites a partir do interior, o que significa fazer o filósofo "doente" compreender que o que ele toma por "verdades" carentes de fundamento não passam de regras de gramática que não se pode deixar de pressupor no próprio momento em que se coloca a questão de sua justificação. No fundo, só se pode buscar justificar aquilo que poderia não ser o caso; ora, é precisamente isso que não se pode mais admitir a propósito do que se revela como apenas uma regra de "gramática": uma das principais características de proposições "gramaticais" como *uma haste não pode ter simultaneamente dois comprimentos* é precisamente que sua negação não tem sentido.

Como insiste Wittgenstein, não se pode fornecer razões para tudo, e é preciso saber se deter na busca das razões.

Será que tudo isso nos leva a admitir, como sugerimos precedentemente, que podemos fazer como bem nos aprouver, que podemos decidir adotar tal regra de "gramática" de preferência a tal outra? Em outros termos, será que isso nos conduz a uma espécie de decisionismo que não encontraria nenhum limite em face da realidade? Sim e não.

Para compreender por que, tomemos, por exemplo, o caso das proposições matemáticas. Como podemos lembrar, o *Tractatus* havia estabelecido que as proposições da matemática, assim como as proposições da lógica, apenas revelam algo que é da ordem da forma lógica; em conseqüência, elas não têm sentido. Na perspectiva do segundo Wittgenstein, essa tese é reformulada em termos de "gramática": as proposições matemáticas são apenas regras gramaticais disfarçadas, elas não falam de nada e não fazem mais que delinear as formas dos fatos. A matemática, em seu desenvolvimento, *inventa* novas formas de representação dos fatos.

Esta é uma posição que vai na contramão de tudo o que se admitia em relação à matemática, pois ela constituía, aparentemente, uma "ciência" na qual figura por excelência a preocupação de "fundamentar" tudo o que se propõe: ao demonstrar um teorema, o matemático pretende assegurar-lhe um fundamento definitivo, dar-lhe a justificação mais sólida que se possa fornecer a uma "verdade". É por isso que a matemática constitui o exemplo típico dessa busca permanente de um fundamento que ocupa os filósofos. Foi assim que, no final do século XIX, o matemático alemão Georg Cantor "inventou" a hoje bem conhecida "teoria dos conjuntos", que se podia supor como estando na base de toda a matemática. Ou seja, deveria ser possível deduzir toda a matemática dessa "teoria". Verificou-se, porém, que havia dificuldades nessa teoria "fundamental", dificuldades que pareciam afetar, então, a matemática em seu todo. Essa foi a origem do que habitualmente se chama a "crise dos fundamentos da matemática", que foi assunto de debates e controvérsias filosófico-matemáticas durante as primeiras décadas do século XX, dos quais um dos mais importantes protagonistas foi Bertrand Russell.

O interesse de Wittgenstein pela questão dos "fundamentos" da matemática decorre de sua preocupação em mostrar que não se deve buscar "fundamentar" a matemática, e que essa questão não tem, portanto, razão de ser. Isso o levou a tentar mostrar que os matemáticos não *descobrem* nada, e apenas *inventam* formas de representação que pertencem à "gramática" de nossa linguagem, no sentido de que elas determinam o que pode ser dito do mundo com sentido. Isso significa, por exemplo, que uma proposição da aritmética elementar como 4 + 3 = 7 nos permite, se temos 4 pêras e 3 maçãs, concluir disso que temos 7 frutas. Essa mesma proposição nos *proíbe* admitir que, nas mesmas circunstâncias, tenhamos 8 frutas, não porque isso seja falso, mas porque isso não tem nenhum sentido. Para compreender isso, basta considerar que, se ao contar as frutas encontrarmos, não 7, mas 8 frutas, não teríamos abalado a "verdade" de 4 + 3 = 7, mas apenas admitido que cometemos um erro ao contá-las.

Em que sentido, então, seria admitido que 4 + 3 = 7 não é senão uma regra arbitrária de nossa "gramática"? Não se trataria, ao contrário, de uma dessas verdades a tal ponto seguras que parece impossível que pudesse ser de outro modo? E, no entanto, é isso que parece dar a entender o fato de considerá-la arbitrária. Em outras palavras, somos realmente livres para mudar essa proposição-regra?

Esse gênero de questão é bem típico da inquietude filosófica. Quereríamos poder dizer que somos forçados a aceitar uma proposição desse tipo, que há nela uma necessidade que nos ultrapassa e à qual deveríamos nos submeter; pois na falta disso não teríamos nada em que nos apoiar, não poderíamos estar seguros de nada. A atitude de Wittgenstein diante disso é perguntar o que, afinal, significaria a adoção de uma outra regra. Ao nos assustarmos com o pensamento de que nossa matemática poderia não ser "verdadeira", não nos apercebemos do fato de que temos apenas uma idéia extremamente vaga do que seria uma outra matemática.

O fato de que tenhamos adotado tal aritmética e não outra, ou mesmo nenhuma aritmética não é, evidentemente, uma circunstância isolada, mas depende de um conjunto mais vasto de "escolhas" desse tipo, que constitui o que Wittgenstein chama uma "forma de vida". Certamente não é sem uma boa razão que, no final das contas, calculamos com os números da forma que o fazemos; essas boas razões relacionam-se, por exemplo, ao fato de que os objetos que contamos têm uma certa permanência, que eles não aparecem nem desaparecem de um momento para o outro, que podem ser demarcados no espaço e no tempo; a isso se juntam necessidades da vida prática, do comércio, ou mesmo considerações estéticas, etc. Tudo isso faz que se admita que, quando temos 3 maçãs e 4 pêras, não podemos dizer que temos 8 frutas. Nesse sentido, é bastante fútil pensar que poderíamos mudar de aritmética segundo nossos caprichos, pois isso iria transtornar uma boa parte de nossa maneira de viver.

Suponhamos, porém, que vivêssemos em um mundo em que, sempre que se reunisse uma pilha de maçãs e uma pilha de pêras, surgisse abruptamente uma nova fruta (uma *peraçã*, por exemplo), e que isso ocorresse com não importa qual pilha de objetos – nesse caso, sem dúvida não teríamos sido levados a adotar nossa aritmética. É claro que há boas razões empíricas para que nossa matemática seja como é, mas isso não tem nada de extraordinário; e, sobretudo, não quer dizer que deveríamos admitir que nossa matemática se impõe a nós como se contivesse alguma coisa de intrinsecamente necessária.

Por que temos então a impressão de que 4 + 3 = 7 é uma verdade necessária e, de forma mais geral, que as proposições "gramaticais" exprimem verdades necessárias? O que Wittgenstein quer fazer compreender é que essa aparente necessidade decorre apenas do uso que fazemos de proposições desse tipo; quando ensinamos a uma criança que 4 + 3 = 7 nós a fazemos brincar com cubos ou com fósforos, mas não lhe pedimos que *descubra* por meio de seus cubos que 4 + 3 = 7; ao contrário, buscamos nos assegurar com isso de que ela compreendeu bem essa regra, e se ela nos diz que de fato descobriu que 4 + 3 = 8, nós lhe dizemos que se enganou, pois ela *deveria* obter 7. É fácil ver aqui que a proposição aritmética não serve para descrever o que se observa, mas sim como uma norma de descrição; em outras palavras, essa proposição declara o que é uma descrição *correta*. Portanto, se podemos dizer que essa proposição é necessária, é porque *nós* somos "inexoráveis na aplicação que fazemos dela", para retomar uma fórmula de Wittgenstein.[9] *É necessário que 41 + 13 = 54* quer simplesmente dizer que nós exigimos de quem calcula que chegue a *este* resultado, e recusaríamos considerar como correto um cálculo que chegasse a outro. Nesse sentido, é apenas na aplicação que fazemos de proposições desse gênero que vemos surgir a necessidade, e isso não diz respeito ao conteúdo da proposição.

A "gramática" é normativa, portanto, no sentido de que coleciona o que admitimos como sendo os padrões ou paradigmas pelos quais devemos nos guiar quando pretendemos dizer alguma coisa; padrões ou paradigmas que não faz sentido querer justificar ou discutir porque é preciso admiti-los antes de começar a discutir o que quer que seja. Que a "gramática" seja arbitrária significa então, essencialmente, que ela é injustificável, por estar fora do alcance de qualquer discussão.

Resulta disso que tampouco faz sentido buscar modificar o que quer que seja nesse domínio, ao contrário do que o tema do arbitrário nos inclinava apressadamente a pensar: o filósofo wittgensteiniano deixa tudo como está, ele não faz mais que um inventário das coisas como estão e somente busca obter delas uma visão sinóptica. É por isso que à arbitrariedade da "gramática" corresponde a neutralidade da descrição; quando Wittgenstein procura

---

9. *Observações sobre os fundamentos da matemática*, I, § 118.

persuadir o leitor de que não há mais nada a justificar, que é preciso interromper a busca pelas razões, ele chega a um "é assim"[10]: é assim que fazemos, esse é o dado no qual temos de nos deter.

Pode-se ir mais longe. No final das contas, aquilo em que devemos nos deter é o fundo sobre o qual uma vida em comum é possível. Não podemos nos entender (no duplo sentido desta palavra) com os outros a menos que compartilhemos com eles vastas zonas de coisas indiscutíveis, que nos ponhamos de acordo sobre o que faz sentido dizer. Aprender uma linguagem é não apenas aprender a formar sentenças gramaticais, mas também a concordar com os outros sobre julgamentos que não serão postos em questão. Nesse sentido, Wittgenstein acaba por insistir no fato de que falar é uma maneira de agir no contexto de uma "forma de vida" comum a uma coletividade. Isso supõe que seguimos as mesmas regras, cuja única "justificação" é o fato de que se trata de regras comuns que reconhecemos como tais.

4. Regras e linguagem

"Seguir uma regra" é um procedimento estranho. No início dos anos 30, quando retomou suas atividades filosóficas, Wittgenstein recorreu abundantemente à noção de *regra* a fim de tentar esclarecer o estatuto dessas curiosas proposições que parecem exprimir fatos necessários. Para elucidar o que está aí em jogo, Wittgenstein, como acabamos de ver, procurou mostrar que essas proposições não são verdadeiramente proposições no sentido ordinário em que dizemos que *chove sobre Nantes* é uma proposição; são regras de nossa "gramática" que determinam o significado dos termos que as compõem. A comparação das

---

10. *Investigações filosóficas*, § 217.

regras gramaticais com as regras de um jogo ou as regras de um cálculo, freqüentemente realizada por Wittgenstein no início dos anos 30, destina-se a fazer compreender duas coisas: de um lado, que as regras são arbitrárias, de outro, que isso de modo algum impede que nos ponhamos todos de acordo para aplicá-las da mesma maneira. Ou seja, não é porque as regras de um jogo são postuladas sem uma razão determinante que o jogo que elas definem não pode ser jogado de forma satisfatória, isto é, que a cada lance do jogo se saiba o que é permitido e o que é "proibido".

A inquietude filosófica, e esse é o caso por excelência em questões de fundamentos da matemática, liga-se freqüentemente à idéia de que, se não se pode justificar definitivamente as regras que presidem a nossos cálculos, ou, de forma mais geral, a nossos usos lingüísticos, torna-se então incompreensível que admitamos todos as mesmas regras e que estejamos todos de acordo sobre qual é a correta aplicação da regra. Não pode ser "por nada" que admitimos todos que uma haste tem necessariamente um comprimento; deve haver uma boa *razão* para isso, e essa razão só pode dizer respeito à própria natureza da haste, etc. A comparação com um jogo busca então fazer compreender que podemos todos estar perfeitamente de acordo sobre o que constitui um lance admissível em xadrez, sem por isso precisar justificar esse acordo invocando uma "essência" qualquer da rainha ou do cavalo...

Essa estratégia wittgensteiniana repousa sem dúvida na idéia de que, quando aplicamos uma regra, estamos de algum modo coagidos a fazê-lo de uma única maneira; é justamente por isso que chegamos facilmente a um acordo sobre o que conta como uma boa aplicação da regra. Mais do que invocar a essência da rainha, invoca-se então a propriedade da regra de determinar de antemão e de maneira unívoca o que podemos e o que não podemos fazer ao jogar. Mas não seria isso igualmente misterioso? E o esclarecimento que Wittgenstein pretende oferecer não estaria baseado em algo ainda mais obscuro do que o que busca elucidar?

A dificuldade aparece ainda mais claramente ao considerarmos que um dos maiores cuidados de Wittgenstein é ater-se ao que está exposto diante de nossos olhos e que não vemos, tanto nos é familiar, e buscar prevenir a tendência tipicamente filosófica de ir em busca do que está aquém do que é dado. Comparar as proposições "gramaticais" às regras de um jogo tem certamente esta virtude terapêutica de nos fazer compreender que a ausência de justificação não afeta o fato de que nos pomos de acordo facilmente sobre qual é a correta aplicação de uma regra. Contudo, o preço a pagar parece bem alto, se isso nos levar a admitir que há uma "alguma coisa" misteriosa na regra que nos guia subterraneamente, ou que em uma regra está incluída de antemão, de uma maneira nebulosa, como que em "pontilhado", aquilo que seria sua correta aplicação. Haveria, então, alguma coisa "oculta" em uma regra?

Wittgenstein rapidamente tomou consciência de que aí havia algo inadmissível: assim como não podemos nos apoiar em uma "essência" qualquer das coisas para justificar tal ou tal regra "gramatical", não podemos tampouco supor que haja qualquer coisa *na* regra que seja capaz de justificar a necessidade que pensamos sentir de segui-la de tal maneira de preferência a tal outra.

A partir da segunda metade dos anos 30, Wittgenstein se interessou profundamente em mostrar que não podemos verdadeiramente justificar que o que fazemos em tal ou tal circunstância esteja de acordo com a regra que *dizemos* seguir. Se dissermos a alguém "escreva a seqüência n, n + 2, (n + 2) + 2, etc.", e essa pessoa escreve 1.000, 1.004, 1.008..., podemos nos insurgir quanto quisermos e dizer-lhe que ela não seguiu a regra a partir de 1.000, mas a pessoa sempre poderá encontrar uma interpretação da regra que "justifique" o que ela acaba de fazer. Talvez ela tenha compreendido que até 1.000 era preciso escrever os números somando-se 2, e, após 1.000, somando-se 4, etc. Dizemos nesse caso que ela compreendeu mal, mas por que deveríamos privilegiar *nossa* interpretação da regra de preferência à dela? A dificuldade é que não lhe dissemos "escreva 2, 4, 6, 8 ... 1.000, 1.002, 1.004...", mas demos-lhe a ordem de escrever uma seqüência de números obtidos pela aplicação de uma dada regra (+ 2). A interpretação que ela deu à regra só nos parece "errada" porque todos nós teríamos escrito 1.002, 1.004, 1.006, etc., mas aí há algo que, *do ponto de vista teórico*, não é verdadeiramente justificável. Que de fato estejamos mais freqüentemente de acordo em seguir tal ou tal regra não decorre, portanto, de nosso acordo quanto a uma certa "concepção" do que devemos fazer.

Se qualquer coisa pode ser considerada como aplicação de uma regra, dependendo da interpretação que estamos sempre suscetíveis de lhe dar, por que então dizemos que aplicamos a regra corretamente? Para essa questão não existe resposta decisiva, e somos no fim das contas levados a uma resposta do gênero: "é simplesmente assim que eu faço".[11] De certa maneira, encontramo-nos aí mais uma vez encerrados em um círculo: se me pedem a razão pela qual escrevi 24 depois de 22, rapidamente invocarei a regra que pretendo seguir, mas se me perguntam o que significa "seguir a regra '+ 2'" irei infalivelmente responder que isso significa, *por exemplo*, escrever 24 depois de 22.

"Sabemos" em geral o que quer dizer seguir uma regra porque aprendemos a fazê-lo; fomos "treinados" para

---

11. *Investigações filosóficas*, § 216.

seguir regras e esse aprendizado segue um procedimento muito particular. O professor me diz: "escreva a seqüência de números obtida juntando-se 2 sucessivamente"; eu escrevo "2, 4, 6, 9, 11..." e o professor imediatamente me repreende: "não, não é isso que você *deveria* escrever". Uma das características desse aprendizado é que o critério para a aplicação correta da regra é que se obtém o que o professor diz que se *deveria* obter; nesse sentido, é o resultado ao qual se *deve* chegar que indica que a regra foi corretamente aplicada, não o que foi feito. Se o aluno chega a um resultado errado, é porque ele *absolutamente* não seguiu a regra, ao passo que o aprendiz de marceneiro que faz uma mesa pode ser considerado como tendo feito uma mesa mesmo que o resultado seja calamitoso. De forma ainda mais geral, aprender uma linguagem é fundamentalmente aprender o que quer dizer seguir uma regra.

Chegamos aqui ao ponto em que se oscila entre a teoria e a prática. Seguir uma regra é um "fazer" e não remete mais ao pensável. Isso diz respeito ao que Wittgenstein chama às vezes a "história natural" dos homens e que não se pode senão constatar: nós "sabemos" aplicar regras, nós nos pomos facilmente de acordo sobre a correta aplicação de uma regra, e de tudo isso não há nenhuma justificação a ser oferecida, nem sequer é possível oferecer alguma. É com base nesse fato que a vida em comum é possível e que podemos compartilhar uma mesma linguagem: como diz Wittgenstein,

> Não surgem disputas (entre os matemáticos, por exemplo) quanto a saber se a regra foi seguida ou não [...]. Isso diz respeito ao arcabouço com base no qual nossa linguagem funciona [...]. "Então você está dizendo que é o acordo dos homens que decide o que é verdadeiro e o que é falso?" O que é verdadeiro e o que é falso é o

que dizem os homens, e os homens se põem de acordo quanto à sua linguagem. Esse não é um acordo de opinião, mas de forma de vida.[12]

Aquilo sobre o que estamos "de acordo" é precisamente aquilo sobre o que não podemos discutir, podemos apenas tentar mostrá-lo.

---

12. *Investigações filosóficas*, §§ 240-1.

5
"É a vida que é preciso mudar"[1]

Desde a morte de Wittgenstein, os trabalhos sobre sua obra multiplicaram-se como raramente é o caso com um filósofo. De onde provém essa admiração? Por que uma tal inflação de exegeses e comentários?

Comecemos refletindo sobre o lugar dessa obra na história da filosofia do século XX. Recorde-se de início uma das particularidades dessa história, a saber, o fosso que se cavou no início do século entre a maneira de "fazer filosofia" nos países anglo-saxônicos e a que prevaleceu "no continente", essencialmente na Alemanha e na França.

Costuma-se dizer que o estilo particular da filosofia anglo-saxônica vem de que ela operou uma "virada lingüística" (*linguistic turn*), o que não ocorreu no continente, pelo menos até há pouco. Para entender o que isto significa, basta considerar a importância filosófica da "nova lógica" de Frege e Russell. Ao propor uma nova análise lógica da linguagem, eles mostraram simultaneamente que numerosos problemas filosóficos tradicionais decorriam de uma compreensão errônea do que Wittgenstein denominou no *Tractatus* a "lógica de nossa linguagem". Antes de tentar resolver esses problemas, parecia ser necessário indagar, preliminarmente, o que significavam de fato, as proposições nas

---

1. *Remarques mêlées* [*Observações mistas*], p. 65.

quais eles eram expressos. Com isso, a questão do significado tornou-se uma questão prévia, e a filosofia fez dela sua preocupação central. Foi Russell que, antes de todos, mostrou o interesse dessa abordagem das questões filosóficas em um pequeno artigo publicado em 1905, "On Denoting", ao qual já fizemos alusão (p. 91). De forma mais geral, Frege e Russell haviam mostrado, ou acreditaram ter mostrado, como se podia, por esse viés, abordar difíceis questões de filosofia da matemática.

Foi, contudo, com o *Tractatus* de Wittgenstein que essa maneira de trazer para o primeiro plano a questão do significado assumiu toda sua importância. É nesse sentido que essa obra foi uma das principais fontes de inspiração dos trabalhos dos membros do Círculo de Viena nos anos 20 e 30. Eis como Moritz Schlick, a "alma" desse Círculo, caracterizou a abordagem de Wittgenstein:

> O primeiro a ver [a verdadeira função da filosofia] com uma clareza absoluta foi, segundo creio, Ludwig Wittgenstein, e ele a expressou de uma maneira perfeitamente exata. Em seu *Tractatus Logico-Philosophicus* ele declara: "O objetivo da filosofia é a clarificação lógica do pensamento. A filosofia não é uma teoria, mas uma atividade. Não se deve esperar da filosofia 'proposições filosóficas', mas a clarificação das proposições".[2]

Depois da quase guerra civil que levou Dolfuss ao poder na Áustria em 1934, e diante da ameaça cada vez mais evidente representada pelo regime nazista na Alemanha, a maioria dos membros do Círculo de Viena, alinhados "à esquerda", foi forçada ao exílio. Uma parte deles, incluindo Rudolf Carnap, terminou por se instalar nos Estados

---

2. Moritz Schlick, "The Future of Philosophy". In: *Philosophical Papers*, v. II, Vienna Circle Collection, Dordrecht, Reidel P. C., p. 172.

Unidos; outros, como Friedrich Waismann, refugiaram-se na Grã-Bretanha. Foi assim que o "positivismo lógico" se espalhou para os países anglo-saxônicos, onde dominou a cena filosófica até os anos 60. É verdade que as diferenças entre as posições dos membros do Círculo e as do *Tractatus* não são simples nuanças, do mesmo modo, aliás, que no interior do próprio Círculo. Mesmo assim, um bom número de teses do *Tractatus* foram retomadas, de forma mais ou menos fiel, por aqueles que são vistos como associados ao "positivismo lógico":

– o sentido de uma proposição é o método de sua verificação, o que é uma conseqüência da tese vericondicional do sentido desenvolvida no *Tractatus* (cf. p. 100);

– as proposições da lógica e da matemática não são proposições no sentido ordinário, e só são "verdadeiras" em virtude do significado dos termos que as compõem;

– as únicas proposições genuínas são as que se encontram nas ciências da natureza;

– a gramática da linguagem ordinária é logicamente defeituosa;

– as proposições "metafísicas" são desprovidas de sentido (e não meramente falsas), etc.

De um ponto de vista estritamente lógico, a tese de que as proposições da lógica são tautologias, e não são verdadeiras no sentido usual do termo, foi recebida como uma afortunada solução para a questão de entender a natureza dessas proposições, ao menos quanto às leis da lógica proposicional. O *Tractatus* contribuiu, nesse domínio, para generalizar o uso de "tabelas de verdade", como as do capítulo 3. De forma mais geral, deve-se a Wittgenstein a formulação definitiva do "princípio de verifuncionalidade" (cf. p. 109). Todavia, a idéia de que as proposições "gerais" (do tipo: qualquer que seja x, então $f(x)$, e existe pelo menos um x tal que $f(x)$) nada mais são do que funções de verdade disfarçadas é dificilmente sustentável, e, nesse ponto, a lógica do *Tractatus* apresenta um grave defeito. A idéia de que se deveria poder exibir de uma vez por todas e de antemão todas as leis lógicas, ou, como diz e repete Wittgenstein, "que não há surpresas em lógica", é igualmente falsa. De fato, foi estabelecido nos anos 30 que não há um procedimento de decisão para a lógica das proposições gerais, ou, como se diz habitualmente, para o cálculo de predicados; isso significa que, dada uma fórmula qualquer do cálculo de predicados escrita no simbolismo que já foi exposto, não há nenhum método que permita *sempre* decidir, em um número finito de etapas, se se trata ou não de uma lei lógica. Em contrapartida, um procedimento como esse existe apenas para o cálculo proposicional, o que explica *a posteriori* o privilégio que lhe atribuiu Wittgenstein.

O segundo Wittgenstein ocupa um lugar igualmente considerável no desenvolvimento da filosofia "analítica" anglo-saxônica, além de estar, em parte, na origem da chamada filosofia da linguagem ordinária que floresceu em Oxford após a Segunda Guerra Mundial. Uma das idéias seminais de Wittgenstein II é que, para exibir o sentido de uma expressão lingüística, é preciso considerar os usos diversos e multiformes que dela fazemos. Vimos como filosofar consiste em reportar as "grandes" palavras dos filósofos a seus usos quotidianos e a mostrar, desse modo, como as dificuldades filosóficas decorrem de uma má compreensão da "gramática" dessas palavras. Esse tipo de atitude frente aos problemas filosóficos, com toda espécie de variações, encontra-se nos anos 50 nos trabalhos de filósofos como Gilbert Ryle, John Wisdom e John Austin. Pode-se considerar, portanto, que Wittgenstein II está parcialmente na origem da atenção dedicada à linguagem ordinária nessa corrente de pensamento, assim como Wittgenstein I havia contribuído muito para estabelecer a importância de se dispor de uma linguagem "logicamente em ordem", importância tão destacada pelos positivistas lógicos do Círculo de Viena.

Na década de 1970, foi em parte por referência a observações de Wittgenstein sobre os fundamentos da matemática e sobre a linguagem que Michael Dummett desenvolveu uma forma original de "anti-realismo" que inspirou e continua a inspirar numerosos trabalhos na filosofia anglo-saxônica. Da mesma maneira, o grande lógico e filósofo finlandês, Jaakko Hintikka, elaborou uma semântica original para a lógica de predicados que se inspira na idéia de "jogos de linguagem" introduzida por Wittgenstein. Deve-se igualmente a Hintikka numerosos trabalhos exegéticos sobre a obra de Wittgenstein.

Além desses temas muito gerais, a segunda filosofia de Wittgenstein apresenta uma série de desenvolvimentos mais específicos, dos quais já mencionamos alguns pontos, que continuam suscitando debates e controvérsias. Entre estes, mencionemos de início a ênfase na impossibilidade de uma linguagem "privada", ou melhor, a impossibilidade de associar privadamente "significados" às palavras que usamos; esse tema está intimamente ligado à idéia de que é impossível justificar de forma não-circular que se tenha seguido corretamente uma regra. Nesse mesmo registro, é toda a "teoria" do significado que é posta em questão por Wittgenstein, se entendermos com isso uma tentativa de exibir uma entidade que supostamente seria o que designam as palavras da linguagem.

Como vimos, na "filosofia" da matemática, Wittgenstein foi levado a uma forma de antropologismo que, após ter sido considerada muito rudimentar, voltou a ser objeto de discussão. Da mesma maneira, sugestões, ou mesmo teses relativas à filosofia da psicologia são hoje retomadas e debatidas no quadro das discussões ligadas ao desenvolvimento das "ciências cognitivas". Poderíamos prosseguir listando os tópicos abordados por Wittgenstein em seu segundo período e que se ligam a questões que estão na ordem do dia. Trata-se aí, todavia, de temas altamente especializados, discutidos sobretudo na filosofia anglo-saxônica contemporânea.

Mas seria possível ir além dessas questões particulares e delinear os contornos de uma "filosofia" de Wittgenstein que permitisse compreender melhor o importante lugar que ele ocupa no pensamento contemporâneo e a espécie de fascinação que exerce sobre alguns?

De tudo que procuramos expor, decorre que o pensamento de Wittgenstein se inscreve, com suas modalidades próprias, na tendência muito geral da filosofia contemporânea de criticar e rejeitar a filosofia tradicional, qualificada depreciativamente de "metafísica". Na perspectiva de Wittgenstein, essa crítica toma de início e antes de mais nada a forma de uma contínua atitude defensiva contra a tentação de procurar fundamentos e justificações para coisas tão diversas como a matemática, certas "crenças" (como a de que existe um mundo exterior ou que eu não posso sentir a dor de dente de meu vizinho), o fato de ter seguido corretamente uma regra ou de ter utilizado corretamente uma palavra ou uma expressão, etc. A atitude filosófica típica que Wittgenstein recusa é a que consiste em perguntar-se de que maneira é possível aquilo que é real: "Todas as teorias que dizem '*deve* ser assim, senão não seria possível filosofar', ou então 'senão não se poderia viver', devem naturalmente desaparecer", escrevia ele em seus *Cadernos* em 1915[3]; e notava, nos anos 1943-44, que "nossa doença é a de querer explicar".[4]

---

3. *Cadernos 1914-1916*, 1.5.1915.
4. *Observações sobre os fundamentos da matemática*, VI, § 31.

Retomemos o exemplo da matemática. Os matemáticos entram facilmente em acordo sobre o que consideram uma prova conclusiva ou um cálculo exato, ainda que não falem de algo "tangível", que faça parte do mundo das coisas às quais temos o hábito de nos referir diariamente. Não significaria isto que eles de fato falam de entidades, que não são por certo sensíveis, embora dotadas de uma realidade ainda mais eminente que a das entidades da experiência sensível? Não deveríamos supor a existência de tais entidades "ideais" se quisermos manter que os tratados de matemática não são meros romances que contam as aventuras dos números complexos e das variáveis diferenciais? Na falta desse fundamento, como nos assegurar de que nossa matemática é a matemática "correta", que nossa maneira de contar é a maneira "correta" de contar, etc.? Eis a inquietação típica do filósofo em busca de fundamentos, inquietação que Wittgenstein tenta evitar: por que se inquietar quando constatamos que os matemáticos prosseguem tranqüilamente em seu caminho sem se esfaquear uns aos outros?

A "terapêutica" wittgensteiniana não se limita a esse gênero de observações, e já expusemos algumas de suas sutilezas. Como vimos, essa terapêutica remete sem cessar a esta idéia que é sem dúvida uma "tese" filosófica central no pensamento de Wittgenstein: não podemos nos entender, não podemos começar a discutir qualquer coisa se não estivermos de acordo sobre um certo número de julgamentos e maneiras de agir que não podemos pôr em questão nem discutir sem cair em um círculo vicioso.

Expressa dessa maneira, essa tese parece conduzir diretamente a dois dos monstros inventados pelos filósofos e que eles fingem temer, a saber, o relativismo e seu primo, o ceticismo. As considerações que Wittgenstein desenvolve não remetem porventura a uma forma de relativismo "cultural" ou "sociologizante", que consiste em admitir que somos prisioneiros de "formas de vida" e "jogos de linguagem" que determinam o que podemos dizer de forma significativa? Não deveríamos admitir então que aquilo que consideramos "verdadeiro" depende de nossa maneira de "jogar" um certo jogo, o "jogo do verdadeiro e do falso", que não tem nenhuma espécie de dignidade particular?

Estranhamente, poder-se-ia dizer que a terapêutica wittgensteiniana está permeada por uma inspiração exatamente contrária: o que devemos reconhecer é precisamente que não se pode duvidar de tudo, e que aquilo em que nos apoiamos não se torna menos seguro simplesmente por não ser justificável no sentido ordinário. Como diz nosso autor a propósito de nossos usos lingüísticos:

> Empregar uma palavra sem justificação não é o mesmo que empregá-la erroneamente.[5]

De certo modo, aquele que não reconhece o "fundamento que está diante de nós" e que procura explicá-lo é aquele que por isso mesmo o torna duvidoso; aquilo que fazemos desempenhar o papel de norma de descrição, de paradigma para julgar as coisas, está, *ipso facto*, imune à dúvida, e buscar fundamentá-lo é agir como se ele ainda fosse duvidoso.

A terapêutica wittgensteiniana, sobretudo, nos incentiva à modéstia: reconhecer que há regras que presidem nosso uso das palavras e que não podem ser objeto de um discurso significativo, nem, portanto, ser justificadas (sem, contudo, que isso afete, por exemplo, o caráter "necessário" das proposições nas quais essas regras se expressam), equivale a estabelecer *limites* ao que podemos tentar explicar ou justificar. Não limites que traçamos do exterior, mas limites que somos levados a reconhecer

---

5. *Observações sobre os fundamentos da matemática*, VII, § 40.

quando constatamos que nossa busca de um fundamento nos conduz a contra-sensos, ou, mais exatamente, a formular, como se fosse possível negá-los, truísmos cuja negação não teria nenhum sentido. Assim, como vimos, o tópico da arbitrariedade da "gramática", longe de ser a expressão de uma forma de relativismo, é um modo de sublinhar que o que diz respeito ao nível "gramatical" é indisputável, não só no sentido de uma afirmação que pretende encerrar uma discussão, mas também no de que não faria verdadeiramente sentido prosseguir a discussão. Que não haja mais nenhuma justificação a oferecer não é, portanto, nada mais que o preço da perfeita "necessidade" daquilo sobre o que estamos de acordo e com base no qual nos é possível discutir.

Sendo assim, a particular conformação da segunda filosofia de Wittgenstein não depende tanto daquilo que o comentador está inclinado a extrair dela sob forma de teses do gênero "arbitrariedade da gramática", mas do fato de que seu estilo de exposição "descritivo" e aforístico tenta se ajustar ao estatuto muito particular daquilo que o autor busca mostrar, a saber, essas proposições que são "imunes à dúvida, como os gonzos sobre os quais giram as questões [que nos colocamos] e [nossas] dúvidas."[6]

Não basta *dizer* que tal ou tal afirmação é apenas uma estipulação arbitrária "depositada nos arquivos de nossa linguagem"; é preciso *mostrar* isso, e, para tal, conduzir o leitor ou o ouvinte a um *ponto de vista* sobre o funcionamento de nossa linguagem que lhe permita compreender qual o lugar que atribuímos a essa afirmação e que papel nós a fazemos desempenhar. Para fazê-lo, não é possível argumentar no sentido ordinário da palavra, e é por isso que Wittgenstein tentou, com mais ou menos sucesso,

---

6. *Sobre a certeza*, § 341.

inventar um novo estilo filosófico que não traísse o estatuto do que é "gramatical". Os esclarecimentos que ele ofereceu não constituem uma "teoria" na qual teses explicitáveis estariam arranjadas de forma articulada; nada seria mais infiel a seu pensamento que buscar extrair dele uma "teoria do significado", ou uma "teoria da matemática" ou qualquer coisa desse gênero, mesmo que, por um defeito que Wittgenstein incessantemente busca corrigir, o filósofo no sentido ordinário esteja sempre tentado a fazer tais coisas. Incidentalmente, isso permite compreender por que é tão difícil expor a "filosofia" de Wittgenstein II, como se costuma fazer no caso das filosofias de Descartes ou Kant, sem trair sua inspiração.

Eis como Wittgenstein descrevia seu trabalho no *Curso sobre os fundamentos da matemática*:

> Tento fazer vocês viajarem por um certo país. Procurarei mostrar que as dificuldades filosóficas que surgem em matemática, como as que surgem em outras áreas, surgem porque nós nos encontramos em uma cidade estranha e não conhecemos nosso caminho. Temos de aprender a topologia ao nos deslocar de um lugar da cidade para outro, deste a outro ainda, e assim sucessivamente. [...] Um bom guia faria vocês tomarem cada caminho uma centena de vezes. E assim como ele lhes mostraria todos os dias novas ruas, eu mostrarei a vocês novas palavras.

No final das contas, como se vê, a originalidade de Wittgenstein decorre em boa medida dessa maneira de conceber o trabalho filosófico: não como estando dedicado a elaborar uma teoria qualquer, mas como devendo resultar em uma mudança na maneira de ver as coisas e, mesmo, uma mudança na vida. Na coletânea de observações de caráter muito geral publicada sob o título *Observações mistas*, encontra-se esta:

> Uma das lições do cristianismo, segundo creio, é que as boas doutrinas não servem para nada. É a vida que deve ser mudada (ou a orientação da vida).

Um pouco mais à frente ele acrescenta:

> Desejo ver meu trabalho continuado por outros mais do que ver uma mudança na maneira de viver que torne todas essas questões supérfluas? – isso não está muito claro para mim.

As confusões e erros filosóficos não são, de fato, da ordem da teoria, e não são, portanto, verdadeiramente "refutáveis". Eles decorrem de uma certa maneira de se deixar levar pela língua que "preparou as mesmas armadilhas para todos", diz Wittgenstein, caracterizando essas "armadilhas" como "uma imensa rede de falsos caminhos em que é fácil adentrar", e acrescenta, na mesma obra:

> Vemos assim os homens percorrerem um após o outro os mesmos caminhos, e já sabemos onde vão se perder, continuando a seguir diretamente em frente sem ter percebido a bifurcação, etc., etc. Em todos os lugares de onde partem os falsos caminhos eu deveria então fixar placas que os ajudariam a franquear os pontos perigosos.

Durante quase vinte anos Wittgenstein se fez, assim, guia do território de nossa linguagem. Ele tentou sem cessar descobrir os bons caminhos nesse país estranho e complicado, tão complicado que é muito fácil se perder e mergulhar na confusão. É contra esse perigo permanente que é preciso lutar, se quisermos ter clareza sobre o significado do que dizemos. Essa exigência de clareza diz respeito, mais que a qualquer outro, aos filósofos, os quais, como diz Wittgenstein, estão diante da linguagem como "selvagens"[7], e é pensando neles e em seus "problemas" que nosso autor desenvolveu seu trabalho. Os dois grandes temas, os dois grandes domínios que ele explorou em seu segundo "período" foram a filosofia da matemática e a filosofia da psicologia, particularmente propícios às confusões mais diversas. Essa exploração, em conformidade com a exigência de se ater apenas à descrição da paisagem da linguagem, toma a forma de observações que recordam em quais circunstâncias, para que fim, para "fazer" o que, utilizamos esta ou aquela palavra, esta ou aquela expressão. O objetivo é sempre o mesmo: levar as palavras de volta de seu uso metafísico para seu uso quotidiano. É por isso que essas observações são freqüentemente de uma simplicidade surpreendente e mesmo, às vezes, de uma banalidade desconcertante. Trata-se justamente de recordar o que há de mais banal, de mais "evidente", tão evidente que não mais é visto.

Isso, curiosamente, não torna fácil a leitura dos escritos wittgensteinianos, pois raramente se vê de imediato para onde ele quer nos levar; essa também foi a dificuldade do próprio Wittgenstein, dificuldade que o fez protelar indefinidamente a conclusão de sua obra.

Concluindo: a obra de Wittgenstein tenta pôr fim à falsa profundidade filosófica, à ilusão de profundidade. Isso não diz respeito só à filosofia no sentido estrito e técnico do termo, mas a todos nós, dado que somos facilmente levados a enunciar proposições que aparentemente compreendemos, embora não tenham nenhum sentido determinado. Nesse ponto, a filosofia, para Wittgenstein, torna-se um "trabalho sobre si mesmo".[8]

---

7. *Investigações filosóficas*, § 195.
8. *Remarques melées*, p. 26.

Indicações bibliográficas

1. Principais obras e coletâneas de apontamentos de Wittgenstein

Cadernos 1914-1916 [*Tagebücher 1914-1916*]. Traduções: *Notebooks 1914-1916*. Oxford: Blackwell, 1961, 1979; *Carnets 1914-1916*. Paris: Gallimard, 1971; *Diario filosófico (1914-1916)*. Barcelona: Ariel, 1982.

Tractatus Logico-Philosophicus [*Logisch-Philosophische Abhandlung*]. Traduções: *Tractatus Logico-Philosophicus*. Londres: Routledge and Kegan Paul, 1961, 1988; *Tractatus Logico-Philosophicus*. São Paulo: EDUSP, 1994.

Observações filosóficas [*Philosophische Bemerkungen*]. Traduções: *Philosophical Remarks*. Chicago: Chicago University Press, 1980; *Remarques philosophiques*. Paris: Gallimard, 1975.

Gramática filosófica [*Philosophische Grammatik*]. Traduções: *Philosophical Grammar*. Berkeley: California University Press, 1978; *Grammaire philosophique*. Paris: Gallimard, 1980; *Gramática filosófica*. México: Universidad Nacional Autónoma de México, 1992.

Cadernos azul e marrom [*Das blaue Buch/Das braune Buch*]. Traduções: *Blue and Brown Books*. Oxford: Blackwell, 1975; *Le Cahier bleu et le Cahier brun*. Paris: Gallimard, 1996; *Los cuadernos azul y marrón*. Madri, Tecnos, 1993.

Observações sobre os fundamentos da matemática [*Bemerkungen über die Grundlagen der Mathematik*]. Traduções: *Remarks on the Foundations of Mathematics*. Cambridge,

MA: MIT Press, 1983; *Remarques sur les fondements des mathématiques.* Paris: Gallimard, 1983; *Observaciones sobre los fundamentos de la matemática.* Madri: Alianza, 1987.
Investigações filosóficas [*Philosophische Untersuchungen*]. Traduções: *Philosophical Investigations.* 3. ed. Oxford: Blackwell, 2002; *Investigations philosophiques.* Paris: Gallimard, 1961; *Investigaciones filosóficas.* Barcelona: Grijalbo, 1988.
Sobre a certeza [*Über Gewissheit*]. Traduções: *On Certainty.* Perennial, 1986; *De la certitude.* Paris: Gallimard, 1976; *Sobre la certeza.* 3. ed. Barcelona: Gedisa Editorial, 1995.
Observações mistas [*Vermischte Bemerkungen*]. Traduções: *Culture and Value.* Chicago: University of Chicago Press, 1984; *Remarques mêlées.* Mauvezin: TER, 1984; *Aforismos: cultura y valor.* Madri, 1995.

2. *Notas de aulas editadas por alunos de Wittgenstein*

Wittgenstein's Lectures: Cambridge. 1930-1932. Lanham: Rowman & Littlefield, 1979. Tradução: *Cours de Cambridge (1930-1932).* Mauvezin: TER, 1988.
Wittgenstein's Lectures: Cambridge, 1932-1935. Chicago: University of Chicago Press, 1989. Tradução: *Cours de Cambridge (1932-1935).* Mauvezin: TER, 1992.
Wittgenstein's Lectures on the Foundations of Mathematics, Cambridge, 1939. Brighton: Harvester Press. Tradução: *Cours sur les fondements des mathématiques.* Mauvezin: TER, 1995.

3. *Relatórios de entrevistas e ditados*

Ludwig Wittgenstein and the Vienna Circle: Conversations Recorded By Friedrich Waismann. Oxford: Blackwell, 1979. Traduções: *Wittgenstein et le Cercle de Vienne.* Mauvezin: TER, 1991. *Wittgenstein y el Círculo de Viena.* México: Fondo de Cultura Económica, 1973.
Dictées de Wittgenstein a Waismann et pour Schlick. Paris: PUF, 1997.

4. Algumas obras sobre Wittgenstein

ANSCOMBE, G. E. M. *An Introduction to Wittgenstein Tratactus.* Londres: Hutchinson University Library, 1959.
BLACK, Max. *A Companion to Wittgenstein's Tractatus.* Cambridge: Cambridge University Press, 1964.
BOUVERESSE, J. *Le Mythe de l'interiorité.* Paris: Minuit, 1976.
BOUVERESSE, J. *La Force de la règle.* Paris: Minuit, 1987.
COMETTI, J.-P. *Philosopher avec Wittgenstein.* Paris: PUF, 1996.
GRIFFIN, J. *Wittgenstein's Logical Atomism.* Londres, Seattle: University of Washington, 1969.
HINTIKKA, J. & M. *Investigating Wittgenstein.* Oxford: Basil Blackwell, 1986. Tradução: *Uma investigação sobre Wittgenstein.* Campinas: Papirus, 1994.
JANIK, A. & TOULMIN, S. *Wittgenstein's Vienna.* Nova Iorque: Simon and Schuster, 1973. Tradução: *A Viena de Wittgenstein.* Rio de Janeiro: Campus, 1991.
McGUINESS, B. *Wittgenstein, a Life. Young Ludwig (1889-1921).* Londres: Gerald Duckworth & Co., Ltd., 1988. Trad. *Wittgenstein, les années de jeunesse.* Paris: Seuil, 1991.
MONK, Ray. *Ludwig Wittgenstein: The Duty of Genius.* Londres: Jonathan Cape, 1990. Traduções: *Ludwig Wittgenstein, le devoir de génie.* Paris: Jacob, 1993; *Wittgenstein, o dever do gênio.* São Paulo: Companhia das Letras, 1995.*
SCHMITZ, F. *Wittgenstein, la philosophie et les mathématiques.* Paris: PUF, 1998.
SEBESTIK, J. & SOULEZ, A. *Wittgenstein, la philosophie et les mathématiques.* Paris: PUF, 1988.
STENIUS, Erik. *Wittgenstein's «Tractatus». A Critical Exposition of His Main Lines of Thought.* Oxford: Basil Blackwell, 1964.

---

* Esta grande obra é uma biografia de Wittgenstein que conjuga com felicidade os aspectos mais pessoais da vida de nosso autor e o desenvolvimento de seu pensamento. Lê-se facilmente e constitui sem dúvida a melhor maneira para um "profano" de obter uma visão sinóptica sobre Wittgenstein, o homem e a obra.

ESTE LIVRO FOI COMPOSTO EM SABON
CORPO 10,7 POR 13,5 E IMPRESSO SOBRE
PAPEL OFF-SET 90 g/m² NAS OFICINAS DA
BARTIRA GRÁFICA, SÃO BERNARDO DO
CAMPO-SP, EM ABRIL DE 2004